和谐校园文化建设读本 ┃·················

论教育财政

朴 素/编著

图书在版编目(CIP)数据

论教育财政 / 朴素编著. — 长春：吉林教育出版
社，2012.6（2023.2重印）
（和谐校园文化建设读本）
ISBN 978 - 7 - 5383 - 8970 - 8

Ⅰ．①论… Ⅱ．①朴… Ⅲ．①教育财政－研究 Ⅳ.
①G467

中国版本图书馆 CIP 数据核字(2012)第 116083 号

论教育财政
LUN JIAOYU CAIZHENG   朴　素　编著

策划编辑　刘　军　　潘宏竹
责任编辑　刘桂琴　　　　　　　　　　　　　　**装帧设计**　王洪义

出版　吉林教育出版社(长春市同志街 1991 号　邮编 130021)
发行　吉林教育出版社
印刷　北京一鑫印务有限责任公司

开本　710 毫米×1000 毫米　1/16　　**印张**　13　　**字数**　165千字
版次　2012 年 6 月第 1 版　　**印次**　2023 年 2 月第 3 次印刷
书号　ISBN 978 - 7 - 5383 - 8970 - 8
定价　39.80 元

编 委 会

主　　编：王世斌

执行主编：王保华

编委会成员：尹英俊　尹曾花　付晓霞

刘　军　刘桂琴　刘　静

张　瑜　庞　博　姜　磊

潘宏竹

（按姓氏笔画排序）

总 序

千秋基业，教育为本；源浚流畅，本固枝荣。

什么是校园文化？所谓"文化"是人类所创造的精神财富的总和，如文学、艺术、教育、科学等。而"校园文化"是人类所创造的一切精神财富在校园中的集中体现。"和谐校园文化建设"，贵在和谐，重在建设。

建设和谐的校园文化，就是要改变僵化死板的教学模式，要引导学生走出教室，走进自然，了解社会，感悟人生，逐步读懂人生、自然、社会这三本大书。

深化教育改革，加快教育发展，构建和谐校园文化，"路漫漫其修远兮"，奋斗正未有穷期。和谐校园文化建设的研究课题重大，意义重要，内涵丰富，是教育工作的一个永恒主题。和谐校园文化建设的实施方向正确，重点突出，是教育思想的根本转变和教育运行机制的全面更新。

我们出版的这套《和谐校园文化建设读本》，既有理论上的阐释，又有实践中的总结；既有学科领域的有益探索，又有教学管理方面的经验提炼；既有声情并茂的童年感悟；又有惟妙惟肖的机智幽默；既有古代哲人的至理名言，又有现代大师的谆谆教诲；既有自然科学各个领域的有趣知识；又有社会科学各个方面的启迪与感悟。笔触所及，涵盖了家庭教育、学校教育和社会教育的各个侧面以及教育教学工作的各个环节，全书立意深邃，观念新异，内容翔实，切合实际。

我们深信：广大中小学师生经过不平凡的奋斗历程，必将沐浴着时代的春风，吸吮着改革的甘露，认真地总结过去，正确地审视现在，科学地规划未来，以崭新的姿态向和谐校园文化建设的更高目标迈进。

让和谐校园文化之花灿然怒放！

本书编委会

目 录

第一章　国外现行教育财政制度

第一节　美国现行教育财政制度

(一)教育费支出水准

教育支出,是指一个国家用于教育方面的全部开支。包括:教育的基本建设投资、教育的经常费用、国家的财政拨款、社会团体和个人用于教育方面的支出等。教育支出受国家的经济发展制约,国际上通常采用下列四个指标:①教育经费在国民收入中所占的比例;②教育经费在社会生产总值中所占的比例;③教育经费在国家财政总支出中的比例;④教育基本建设费用占全部基本建设费用的比例等来衡量一个国家教育支出的水准,反映一个国家对教育事业重视的程度。

为什么这样一个指标系统能够反映出一个国家教育支出水准？这是因为教育与经济之间既相互影响,又相互制约。一方面,经济的发展为教育的产生和发展奠定了物质基础;另一方面,教育又反作用于经济,对经济与社会的发展产生巨大的促进作用。教育与经济的辩证关系,为我们研究教育水准提供了理论依据。经济的增长表现为国民收入的增加,因此一个国家的经济发展水平越高,也就越有可能从国民收入中拿出更多的钱发展教育事业,反之则会更少。而现代社会经济的增长、国民收入的增加主要靠科技的进步,科技的进步又反过来对劳动者的素质提出更高的要求,这在客观上也刺激了教育支出的增加。除了经济、科技因素外,人口变化也对教育支出水准有着不同程度的影响。

1. 教育费占国民生产总值、国民收入、行政支出的比例

表1－1　美国公共财政支出教育费所占的百分比

年份	1965	1970	1971	1972	1973	1974	1975	1976
占国民生产总值的百分比①	4.8	5.8	5.8	5.7	5.6	5.9	6.0	5.8
占国民收入的百分比②	5.9	7.2	7.2	7.1	6.9	7.4	7.6	7.3
占行政费的百分比③	16.1	17.2	16.6	16.8	16.8	17.6	16.5	15.8

资料来源：①②*Statistical Abstract of the U. S.* 各年版。

③*Projections of Education Statistics* 各年版。

2. 生均经费

生均经费又叫"单位成本"，也是一种经常用来计算教育经费的方法，它可以让人们看出每个学生所获得分配的教育经费。生均经费在不同的教育阶段数额不等。

表1－2　1930－1993 年各级教育生均经费及占 GNP 的百分比

年份	经费占 GNP 百分比		生均经费（美元）	
	初中等	高等	初中等	高等
1930	658	1 291	2.0	0.2
1940	881	1 568	2.5	0.2
1950	1 230	2 613	2.1	0.4
1960	1 876	3 660	3.0	0.5
1966	2 503	4 677	3.6	0.8
1970	3 189	4 903	4.2	1.0
1972	3 619	4 881	4.6	1.1
1974	3 781	4 987	4.3	1.1
1976	4 016	4 749	4.5	1.2
1978	4 076	4 883	4.1	1.1
1980	4 085	4 716	3.9	1.1
1982	3 926	4 211	3.6	1.1

年份	经费占 GNP 百分比		生均经费（美元）	
	初中等	高等	初中等	高等
1984	4 206	4 295	3.7	1.0
1986	4 653	4 918	3.7	1.1
1988	4 914	4 997	3.7	1.1
1990	5 464	4 975	4.0	1.1
1992	5 486	4 688	4.1	1.1
1993	5 526	4 665	4.1	1.0

资料来源：*The Condition of Education*，1996，P.160.

从上表可以看出,初中等生均教育经费在 20 世纪 30 年代到 20 世纪 70 年代间即从 1930 年的 658 美元到 1970 年的 3 189 美元迅速增长后,从 20 世纪 80 年代开始缓慢增长直到 1993 年的 5 526 美元。而高等教育生均经费经过 20 世纪 30 年代、40 年代、50 年代、60 年代的大跨越、大增长后,于 70 年代始趋于稳定,在 80 年代甚至有下滑的趋势。从 1990 年开始初中等生均经费高于高等生均经费。

经过了 20 世纪 70 年代到 20 世纪 80 年代中期的下滑以后,初中等公立教育经费占国民生产总值的比例在 1988 年到 1993 年间有所回升,但仍未达到 20 世纪 70 年代中期的水平,而高等教育经费占国民生产总值的比率与 20 世纪 60 年代中期相比始终保持着 1% 的增长率。

从表面直观数字看,美国政府公布的教育经费预算年有增加,其实,美国是个通货膨胀率很高的国家。由于通货膨胀,每年在国家增加的那部分经费里,有时只能与当年的通货膨胀率相抵,有时甚至抵不上当年的物价上涨指数。因此,判断美国每年教育经费投入到底是上升还是下降,需以当年财政年度美元的实际价值为标准去加以衡量和比较,扣除当年的物价上涨部分后才能确知其经费升降的准确方位。以 1980—1992 年度 10 年来的教育投入为例,从政府公布数字看,经费总额年年增加,但按财政年度美元价值的核算后,其实际水平从1981—1990年间,年年是下降的。而教育经费投入实际水平下降的明显标志是每年都要有一批高校被迫关门。见下表:

表1-3　1965—1992年联邦教育预算(单位:百万美元)

年份	投入原始数	以1992年美元价值折算后数额
1965	5 331.0	24 519.4
1970	12 526.5	46 489.3
1975	23 133.2	59 058.2
1980	34 317.1	58 694.7
1981	36 446.2	56 634.5
1982	34 304.7	49 790.5
1983	34 719.2	48 055.3
1984	36 104.5	48 061.7
1985	38 809.9	49 875.6
1986	39 745.0	49 592.4
1987	40 972.2	49 768.9
1988	43 216.0	50 665.4
1989	48 014.0	53 927.5
1990	51 393.6	55 329.1
1991	57 550.6	59 333.6
1992	61 384.7	61 384.7

资料来源:*Digest of Education Statistics*,1992,美国教育部编,第361。

表1-4　1982—1990年被关闭的高校数(单位:所)

学年	总计	四年制大学	二年制学院
1982—1983	7	6	1
1983—1984	7	4	3
1984—1985	5	5	—

学年	总计	四年制大学	二年制学院
1985—1986	4	4	—
1986—1987	12	8	4
1987—1988	26	19	7
1988—1989	14	6	8
1989—1990	19	8	11
1990—1991	18	5	13
1991—1992	26	7	19

资料来源：*Digest of Education Statistics*，1992，美国教育部编，第 240 页。

(二)教育费的财源与负担结构

1. 教育经费的来源

现代美国学校教育的资金来源主要有两个：一是政府拨款，它是美国学校教育所需资金的主要的和基本的来源；二是学校根据国家有关规定自行筹集部分资金，这在满足教育资金需要方面，也占有重要地位。

政府拨款是指联邦、州和市地三级政府共同承担和分担教育经费，这是美国地方分权政体决定的教育基本模式。据统计，近些年来93%左右的政府拨款都是从州和地方自治机构的预算中解决的，联邦政府只是对教育资金相对缺口较大的少数地区和城市，按照公正的原则，提供少量的财政补贴。

联邦、州、地方政府对教育的拨款大多来自政府预算，即来自政府日常收入所依赖的各种税收。主要包括个人所得税、消费税和财产税。前两种税收是州政府一级支持教育的主要经费来源，财产税是地方政府支持教育的主要经费来源。下面分别介绍一下这三种税收。

个人所得税：联邦个人所得税比美国政府其他税的收入都要多。它是联邦收入的主要基础，以联邦资助的形式提供给各州和地方，当然也包括对州和地方学区的联邦资助。1981 年个人所得税总共收入 3 329 亿美元,联邦政府就收了 2 910 亿美元,其余的归州政府支配。(见下表)

公共消费税:这是州政府收取的最主要的税种,在美国有 40 个州以公共消费税为主要收入,这也是州支持教育的主要经费来源。1987 年,州征集的消费税总共 904.2 亿美元,约有 33.2% 的税收用于投资教育。

表 1-5　教育收入、GNP 和个人所得(1930 — 1990 年)

年份	教育总收入(A)	国民生产总值(B)	A/B	个人所得(C)	A/C
1930	$ 2.1	$ 104	2.0	$ 84	2.5
1940	2.3	100	2.3	78	2.0
1950	5.4	288	1.9	228	2.4
1960	14.7	515	2.8	409	3.6
1970	40.3	1015	4.0	832	4.8
1980	96.9	2 732	3.6	2 259	4.3
1990	195.2	5 471	3.6	4 672	4.2

资料来源:*Digest of Education Statistics*,1987.

上表表明在 1970 年前教育消费的增长超过国家经济即国民生产总值的增长,直到 20 世纪 70 年代,随着注册工业的减少而稍有减少,20 世纪 80 年代教育消费趋于稳定。这种趋势与个人所得的百分比是一致的。简单地说,国家将 4.4% 的个人所得投资于教育。

财产税:是地方政府支持教育的主要经费来源。1981 年,州和地方政府征收的财产税总共 760 亿美元。其中 680 亿美元地方政府征得,大约一半的收入用于资助了学校。到 1990 年,在美国设有的独立学区的 41 个州中,学校从地方税收入中获得的教育资金,97.4% 是由财产税提供的。它是学校税收的主要来源。

教育经费除了来自以上三种税以外,还来自彩票、教育税、私人教育基金等。

彩票:是 1964 年建立起来的州政府资金体系,到 1994 年已发展到

35个州和一个哥伦比亚区。彩票的收入也已从1983年的5.5亿美元发展到1990年的200亿美元。政府对此越发地支持。很难准确地测量彩票收入分配到教育中的数字,它受各地政策影响很大,有13个州部分地或全部地把彩票收入投到教育中。在加利福尼亚,1美元的彩票有34美分投到教育中。

教育税:是各州为解决教育经费而征收的专门税。进入90年代,为解决教育资金,有28个州设教育专门税,所开税种少的1—2种,多的设有几种。不过依靠专门税解决教育款项来源,对于保证学校资金的长期需要并不是很有效的,因为设立专门税需要州政府的同意,而且也有一定的限额,因此往往不敷教育资金的需要。

私人捐款:就在财政预算紧缩的情况下,私人对学区的捐款已成为教育发展的一项重要资金来源,甚至有的区域已建立起教育基金。

现在1980年前的基金只有几个还存在,以前的福特基金在几个州中一直持续上升,但到1987年,便停止支持教育了。到1990年,在公共基金网中通过65个民众团体的参与在全国已建立起许多教育基金,加利福尼亚教育基金协会表明该州大约有260个学区已建立起较稳定的基金会。2/3的基金会报告他们的基金在1万美元和5万美元间增长。旧金山基金会报告他们的收入已超过200万美元,洛杉矶基金已增长到380万美元。热心教育事业的社会人士、企业人士、教会人士和教育工作者除了捐款之外,有的人还捐房屋、捐土地、捐图书、捐设备等,给教育添增营养和食粮。如在殖民地时期,约翰·哈佛捐资创办的哈佛学院就是典型的史例。因此,私人或团体的教育捐款成了教育资源中极为重要的项目,乃是美国教育中足以称道的。

2. 中央财政与地方财政的负担结构

美国是个典型的地方分权国家,全国没有一个统一的教育体系,联邦一级不设教育行政机构,拨款只是极少一部分,教育权限都下放给各州、市地管理。联邦只是通过立法和拨款的方式参与教育的管理,但二战后,随着教育在国家政治经济中作用的增大,美国联邦政府也加强了对教育的调控,加速了教育国家化的趋势。在教育投资上,形成了联邦、州、市地三级三足鼎立的投资体制。见下表:

表 1-6　联邦、州、市地对学校投资的比例(%)
(1955—1990 年)

年度	1955—1956	1969—1970	1979—1980	1984—1985	1987—1988	1988—1989	1989—1990
联邦	5.9	10.7	11.4	8.6	8.5	8.3	8.3
州	28.6	31.5	38.8	38.8	38.7	37.7	37.2
市地	42.9	32.1	26.1	25.6	25.3	26.3	26.1
其他	22.4	25.7	23.7	27.0	27.5	27.5	27.4

资料来源:*Digest of Education Statistics*,1992,P. 36.

从上表中可以看出,地方政府投资教育到1980年前一直处于下降趋势,1955—1956 年,投资教育还是 42.9%,到 1979—1980 年降到 26.1%,1980 年后趋于稳定,基本处于 26%左右这一比例上。

当地方政府投资教育下降的时候,州和联邦政府对教育的投资却在不断上升。州对教育的投资在 1956—1980 年间增长了 10 个百分点,从 1956 年的 28.6%一跃为 1980 年的 38.8%,超过了市地政府对教育的投资,成为对教育投资的主要力量。之后到 1990 年趋于稳定。

联邦承担起对教育的投资责任主要是通过立法拨款形式。从 20 世纪 60 年代以后联邦政府大力投资教育,到 1980 年达到高峰 11.4%,之后有所下降,主要是 20 世纪 80 年代里根上台后,推行的新联邦主义。在国家财政极其困难的情况下,联邦政府压紧财政开支,虽然认为联邦政府使"全国教育利益一致"的起码义务一定不能减少,但初等和中等教育的首要责任仍属州和地方当局。

联邦、州和市地政府三方共同承担教育经费的投资体制和模式,使教育经费趋于分散,减轻了各级政府的负担,有利于各方根据自身的经济实力和总体计划,灵活机动,发挥各自的积极性。

3. 教育经费中公费与私费的负担结构

首先将公费与私费的范围划定一下,公费即指联邦、州和市地三级政府对教育的投资,私费即除了三级政府对教育投资以外的所有费用,包括捐款、教育基金、教会资助、学费等。公立、私立学校中公费与私费的负担结构差异很大。如下表:

表 1-7　1955—1990 年间美国公私费的负担比例

年度	1955—1956	1969—1970	1979—1980	1984—1985	1987—1988	1988—1989	1989—1990
公私立合计							
联邦	6.1	10.7	11.4	8.6	8.5	8.3	8.3
州	28.6	31.5	38.8	38.8	38.7	37.7	37.2
市地	42.9	32.1	26.1	25.6	25.3	26.3	26.1
其他(私费)	22.4	25.7	23.7	27.0	27.5	27.7	27.4
公立合计							
联邦	5.8	10.2	10.8	7.9	7.6	7.5	7.4
州	35.2	38.9	46.5	47.6	47.4	46.0	45.4
市地	52.5	39.6	31.4	31.4	31.2	32.7	33.3
其他(私费)	6.5	11.3	11.3	13.1	13.8	13.8	13.9
私立合计							
联邦	6.5	12.5	14.5	11.7	12.4	12.0	11.9
州	—	0.7	1.6	1.4	1.9	1.9	1.9
市地	—	0.7	0.6	0.5	0.5	0.6	0.6
其他(私费)	93.5	86.1	83.4	86.4	85.3	85.5	85.6

资料来源:《教育统计文摘》,1992 年(英),第 36 页。

从上表中可以看出:教育经费中总体上公费大于私费,说明美国各级政府在对教育的投资中占有主导地位,从 50 年代到 90 年代,公费的投资始终保持在 70% 以上,私费只占 1/4 左右。

但对公私立学校,公私费的投资比例却有较大差异。

公立学校,各级政府投资占 90% 左右,而在 1956 年以前,几乎是教育经费的全部,私费却占很小的比例,只有 10％左右。

私立学校,与公立学校的公私费投资比例几乎相反。私费占 85％左右,在 1956 年以前达 93.5％,几乎占了教育经费来源的全部。而公费最多只占十几个百分点。

同时从公私立学校对比来看,在公费中联邦对私立的投入要大于对公立学校的投入。

第二节　英国现行教育财政制度

(一)教育费的财源与负担结构

教育费的来源各国不尽相同。一般来说,有以下几种:①国家投资,包括中央和地方政府的支出;②学费;③捐赠款项;④学校产业的增殖等。至于英国教育经费的来源,丹尼生在其所著的《教育财政与财源》中主要论及了中央政府、地方政府和学校三个方面。中央政府与地方政府是英国教育经费的主要负担者。

1. 中央政府

中央政府一直是英国教育的主要财源。从 1833 年第一次拨款 2 万英镑,到 1860 年上升到 80 万英镑,1918 年 1 900 万英镑,1920 年 3 200 万英镑,中央政府对教育的拨款在不断地增加。第一次世界大战后至第二次世界大战前,中央政府对初等教育与高等教育分别补助。就初等教育来说,教师薪金的 60％,学校卫生工作、体育及加热食品之类的特殊服务所耗费用的 50％,学生交通费的 40％,其他杂费的 20％,都由教育部补助。此外,还有一种分配补助的方法,即是以学生日常出席的平均数为基础,或对于一般赋税率极高的地区,给予同等补助。

初等教育以外的教育,包括中等教育、职业教育及师资训练等,经教育部核准的经费,其中 50％来源于教育部。第二次世界大战期间,对从危险地带撤退的儿童,以及在接待地区供应膳宿之类的事务的补助是由卫生部负担的。至于免费供应儿童的牛奶及为扩大供应午餐、新添的各项建筑与有关设备所需费用等几乎全来源于教育部。1944 年教育法颁布后,各项补助制度趋于单一化。教育部对各地方教育当局所给予的经济补助,只以经教育部(1965 年后为教育科学部)核准的经费比率为基准,而不管经费总数的多少,各地方教育当局每年呈报预算一次,教育部在估定了补助的数额之后,以补助金的形式支付给各地方教育当局,这种补助金一般占 60% 左右,而这种教育经费的负担方式也成为英国教育财政制度的一大特色。

2. 地方政府

英国的地方政府历史悠久。英国近代地方政府制度是在 19 世纪末改革之后统一设立的。20 世纪前半期,英国议会通过法律授予了地方政府教育管理、公用事业、社会福利等方面的职权。第二次世界大战后,在"福利国家"的口号下,英国地方政府的职务范围进一步地扩大,公民的全部生活都与地方政府息息相关。教育,包括初等教育、中等教育、职业教育、成人教育和特殊教育等都成了地方政府的职责,教育经费成了地方政府的最大支出。1965 年教育经费占地方政府财政经费支出的 36%,1970 年占 35%,1975 年占 38%,1980 年占 36%,1981 年占 34%。[①]

英国地方政府的财源主要来自三个方面:地方税、中央补助金和其他收入。教育从其中获得经费。地方税,由地方政府确立,主要来源于不动产税。在地方政府的主要财源中,仅此一项在地方政府控制范围内,1989—1990 年约 3 500 万英镑,占地方开支的 38%,各地方政府都必须从自己所征税收中支付本地区的教育经费。

工业革命前,英国地方政府的财政收支基本上能够自给;工业革命后,特别是第二次世界大战后,由于地方政府管理事务的增加,地方税收已不能担负起地方政府的全部支出,不得不由中央给予更多的补助。随

---

① [日]日本教育行政学会编:《教育费与教育财务》,教育开发研究所,1989 年,第 130 页。

着时间的推移,中央政府的补助在地方收入中所占的比例越来越大。据统计,中央补助占地方政府的收入,1933 年占 27.2%,1943 年占 30.9%,1950 年占 34%,1960 年占 36.2%,1970 年占 36.5%,1980 年占 45.5%,1990 年占 49%。[①]

地方政府其他收入的来源五花八门,主要有:出卖土地和房屋收入、公用企业收入、服务费用收入、执照收入、债券收入等。这项收入在地方政府财政中所占的比例不大,1989—1990 年约占 13%,一般不会超过 20%。它与地方税和中央补助金一同构成了地方教育及其他公共事业的财源。

3. 学校

在教育财源中,由学校自己创造的经费所占的比例较小,主要由学费、社会服务收入和捐赠收入构成。英国的中小学全部免费,大学学费采用收费与补助并举的政策,其学费收入:大学占 14%,原多科技术学院占 17%。1989 年,英国政府宣布将学费收入提高到 25%,这一变化的目的是在于改变高校获得政府经费的机制,政府认为,学杂费本身是高校经费收入的重要因素,也能反映学校的行为。社会服务收入,中小学主要通过场地出租和经营等收入,数额有限。大学通过科技咨询与科研开发,提供短期课程、医疗服务和开放学校实验室、经营产业等创收,这项收入 20 世纪 70 年代约占 3%,20 世纪 80 年代上升到 6% 以上。近年来,英国政府鼓励学校争取非政府渠道的收入,这项收入所占的比例又有上升。此外,捐赠办学一直是英国的传统,一些学生家长和民间团体也向学校捐款,构成学校基金。但在不同的地区,赠款额差异很大。

(二)教育支出的水准

英国教育支出的变化也充分地证明了衡量教育支出水准的指标系统中所能反映出的那些规律性的认识。

---

① [日]日本教育行政学会编:《教育费与教育财政》,教育开发研究所,1989 年第 125 页。

1. 教育费占国民生产总值、国民收入、行政支出的比例

年份	国民生产总值（A）	国民收入（B）	行政支出（C）	教育费（D）	D/A（%）	D/B（%）	D/C（%）
1950	11 752			370	3.1		
1960	22 816			917	4.0		
1965	31 221	28 787	12 681	1 639	5.2	5.7	12.9
1970	43 942	39 487	18 408	2 623	6.0	6.6	14.2
1971	49 656	44 574	20 801	3 011	6.1	6.8	14.5
1972	55 492	49 679	23 593	3 544	6.4	7.1	14.9
1973	64 815	57 915	27 295	4 112	6.3	7.1	15.1
1974	74 958	66 574	35 096	4 811	6.4	7.2	13.3
1975	92 507	83 060	46 527	6 833	7.3	8.2	14.6
1976	110 259	96 676	52 240	7 669	6.9	7.9	14.7

资料来源：①*Department of Education and Science*：*Statistics of Education*，*London*：*Her Majesty's Stationery Office*，1975.

②［日］《教育与情报》，1979 年第 12 期。

从上表中可以看出，第二次世界大战以后，英国的教育支出大体经历了三个发展阶段，即：1945—1970 年恢复与快速增长阶段，1970—1975年缓慢增长阶段，70 年代中期以后的回落阶段。这些变化与英国社会经济发展是相一致的。

2. 生均经费

1980—1981 学年，英国人均教育经费幼儿园和小学为 1 540 英镑，其中小学 549 英镑；中学，16 岁以下 737 英镑，16 岁以上 1 236 英镑；多科技术学院 3 083 英镑；大学 4 244 英镑。1987—1988 学年，英国的人均教育经费幼儿园和小学为 1 010 英镑；中学，16 岁以下 1 435 英镑，16 岁以上 2 305 英镑；多科技术学院 3 355 英镑；大学 5 236 英镑；成人教育2 550英镑。此外，生均经费还可进一步地分为教师工资、书本费、设备、

教育辅助人员和交通费等。[①] 上述各项费用中,教师工资是最大的教育花费,占中小学的 70%。

在英国,不同地区的生均经费也存在很大的差异,大城市始终比郡高。1987—1988 年,肯特郡的小学生均经费只有 1 078 英镑,而内伦敦教育当局为 1 869 英镑。中学生均经费,赫勒福德郡为 1 590 英镑,而内伦敦教育当局是 2 866 英镑。这一方面是由于城市税收和房屋建筑费用较高,教师的工资也高;另一方面,也因城市存在着大量的失业、贫穷人口和文化、语言的差异,就增加了对教育的额外需求,从而加大了教育费用。

20 世纪 80 年代,英国的公立学校由于学生减少了 17%,生均经费增加了 42%。[②] 但是,生均经费的上升并不必然地意味着学生得到了更多的财源和更好的教育设施,因为同期书本和教育设备费用也在增加。1989—1990 年度,中小学的书本和教育设备费人均共 92.3 英镑。此外,由于自然条件的差异,交通费用也有很大的不同,这些都影响着生均经费量。可见,英国的生均经费不仅存在着阶段性的差异,在空间上也相差悬殊,其生均经费与自然条件、人口状况等社会特征具有相关性。

第三节　日本现行教育财政制度

(一)教育财政体制

日本没有独立的教育税,其教育经费主要由国家和地方公共团体的一般财政资金中支出。日本财政实行中央集权制和地方分权制相结合的方针。国家的财权由大藏大臣一手掌握,而预算的执行和财产的管理

---

① June Statham, Donald Mackinnon etc. : The Education Fact File—a Handbook of Education Information in the United Kingdom(2ed), Hodder and Stoughton, 1991, P. 122.

② June Statham, Donald Mackinnon etc. : The Education Fact File—a Handbook of Education Information in the United Kingdom(2ed), Hodder and Stoughton, 1991, P. 126.

委以各省大臣。文部大臣的权限,是制定教育系统岁出预案和执行由国会通过的教育预算。因此,它不同于独立于一般行政区、承认其征收教育税权的美国学区的教育财政,而是受到一般财政部门的制约,缺乏自己独立的权限。根据《学校教育法》的规定:"学校设置者要管理其所设学校,除法令上的特殊规定之外,要负担其学校的经费。"这就是说日本国立学校由国家、公立学校由地方公共团体、私立学校由学校法人分别负担其经费。除设置者负担外,还有国库对地方教育经费的负担和补助。公立学校按照"设置者负担"的规定,虽然原则上由地方公共团体负担,但为了健全其设施、设备和振兴教育,日本从国家角度通过国库补助和地方交付税制度,也为地方提供财源。这一点即为上述所指"法令上的特殊规定"。

就日本地方教育财政而言,各地方公共团体负责人的权限和国家财政的情况相同。各级地方组织设有教育委员会,它是独立的教育行政组织。根据地方教育行政法的规定,在制定经由议会通过的岁出岁入预算中有关教育事务的议案时,必须听取教育委员会的意见。地方公共团体负责人和教育委员会在协商调整的基础上,保持教育财政上的独立性。根据地方自治的原则,地方公共团体有自己的财政权。但国家通过国库负担金和地方交付税的方式来健全地方财政制度,因此,它起着制约地方教育财政的作用。此外,当地方公共团体基准财政需要额超出财政收入额即出现赤字时,其差额通过地方交付税制度,由国家支付。地方交付税中的交付款项,与为同样目的而实行的国库负担和补助制度的差别在于,后者是为特定的用途而保障财源的制度,而前者是没有规定特定用途的交付金制度,是调整地方教育财政、保障地方教育财政维持一定水平的制度。

关于日本学校财政,鉴于私立学校承担着公共教育这一特点,日本通过国家资助等措施,逐步改变其教育财政上与公立学校的差别问题。为尊重其独立性,私立学校有自己的财务权。公立学校的学校预算,是设立该学校的地方公共团体预算的一部分。预算的呈报与执行,均属该地方公共团体负责人。但因学校预算的许多细节均与学校实行教育计划密切相关,所以实际上一般都由教育长授权校长执行。此外,家庭和企业事业单位也支付一定的学校教育费。由家庭负担的学校教育费,有供餐费、班费、旅行费、家长教师委员会费等间接支出的费用以及走读费、学习用品费等父母个别开支的费用。

归根到底,教育财政的核心是教育经费问题。归结起来,目前日本教育经费的来源实行以下五种制度。第一,租税制度,即通过一般财政收入来提供教育经费。日本教育经费的大部分是利用这种形式筹措的。第二,学费制度,根据《学校教育法》的规定,除义务教育学校外,均收学费。第三,教育公债制度,即在学校和其他文教设施的新设、受灾、修复以及购置校址等急需大量经费时,可发放公债。第四,捐款,它在日本虽然没有作为一项制度固定下来,但这种收入占有相当的比例。第五,教育基金制度,这种制度创始于明治时期。由上述制度而得收入,再经过预算——审议——执行——决算的过程,就构成了整个教育财政制度。教育预算分国家和地方两个层次。国家预算以补助金、负担费、交付金的形式向地方分流,成为地方教育费的保障。地方教育预算是由地方公共团体负责人在听取教育委员会意见的基础上而制定的,多依赖于国家和地方财政,缺乏独立性。

财政的发展本身要受国家、经济和社会所制约,反过来,财政也影响着国家、经济和社会的发展。教育财政也不例外,它一方面受社会和经济的制约,另一方面也不可低估它对社会和经济的推动作用。不过,其作用力的大小要取决于一个国家所采取的教育政策。进一步讲,教育投资的多寡能体现一个国家对教育的政策,同时也与其经济发展、财政状况以及政治体制有着密切的关系。

(二)教育财政的基本原则①

教育财政是国家、地方政府向正规学校支付教育经费的制度,是国家财政的一个有机构成部分,同时也是各级各类学校开展正常教育活动的重要保障。因此,教育财政一方面为国家一般财政原理和制度所制约;另一方面又具有其特殊性。根据日本《教育基本法》第 10 条(教育行政)的规定,日本教育财政的本质特征是:教育财政应拒绝行政控制、诱导等"不正当的支配",本着"对全体国民直接负责"的精神使用作为国民公共财产的教育经费。为了从根本上保障和实现全体国民接受教育的权利(学习权利),"其目标必须是建立与完善教育所需的各种必要条件"。这是日本教育财政基本原则的一般表述,其具体内容包括:

1. 保障学习权利的原则。学习权利是人权的重要组成部分(《日本国宪法》第 26 条第 1 款)。作为同保障这种重要人权密切相关的教育财政必须以实现国民平等的学习权利为目标,保证其财源分配的优先性和相对独立性,并能根据教育的特点灵活使用。

2. 无偿教育或公费教育的原则。"义务教育为无偿教育"(《日本国宪法》第 26 条第 2 款)。战后,日本制定并实施了九年无偿义务教育制度,其内容主要是在九年义务教育中不征收学费(《教育基本法》第 4 条)和教科书无偿供给制。这个规定不排斥在其他教育领域中实施公费教育。

3. 教育经费由学校设置者负担的原则。根据《学校教育法》规定:"学校的设置者管理其学校,除法令中有特殊规定的情况外,应负担其学校的经费。"

4. 完善教育条件的原则。制定为保障国民学习权利所必需的教育条件的标准,通过适当财政保障有计划地实现其规定的目标。完善同满

---

① 参见梁忠义主编:《战后日本教育研究》,江西教育出版社,1993 年,第 298-299 页。

足学习权利要求相适应的教育条件,也是教育财政的一个重要原则。

5. 教育机会均等和奖学原则。低水平的无偿教育或公费教育保障不了国民的学习权利。为了消除在教育条件、学习条件方面存在的地区、收入、性别、身体状况等差别,就必须在教育财政上采取积极措施,对因经济等原因就学困难者实行奖励就学,以期实现真正的教育机会均等。

6. 正义原则。为了保障每个国民的平等的学习权利,还必须对那些身心残疾的人在教育财政上给予优厚的待遇。

7. 尊重教育自由、学术自由、地方自治的原则。根据《日本国宪法》(第 23 条第 8 款)和《教育基本法》(第 2 条、第 10 条)的规定,尊重教育和学术的自由,教育财政具有健全改善教育条件(外壳)的职能,但是不得对教育内容(内核)进行干预。

(三)教育经费支出水准

我们通过对日本 20 世纪 90 年代公共教育经费占用国民收入和行政费的比率及其有关这方面情况的国际比较,来介绍日本的教育经费支出水准。

1. 按教育领域区分的教育费总额(单位:百万日元)

年度	总计	学校教育费	社会教育费	教育行政费
1990	25 822 599	22 536 633	2 033 669	1 252 298
1992	27 382 497	23 842 427	2 219 162	1 320 908
1993	28 451 906	24 595 776	2 505 522	1 350 609
1994	29 264 872	25 104 645	2 707 137	1 453 090
1995	29 265 721	25 084 424	2 710 334	1 470 962
1996	30 102 175	25 740 558	2 802 456	1 559 161

资料来源:[日]文部省,《文部统计要览》,1998 年,第 164—165 页。

上表表明,1996 年度教育费总额为 30 102.75 亿日元,其中学校教育费占 85.5％,社会教育费占 9.3％,教育行政费占 5.2％。

2.1996 年度教育费总额的财源区分(单位:百万日元)

区分	计	构成比％
计	30 102 175	100.0
国库	6 884 823	22.9
地方	16 575 775	56.0
学校法人等	6 341 578	21.1

资料来源:［日］文部省,《文部统计要览》,1998 年,第 164—165 页。

3. 教育费总额、公共财政支出教育费同行政费、国民收入的关系

年度	公共财政支出教育费占行政费比率	教育费总额占国民收入比率	公共财政支出教育费占国民收入比率
1990	16.5％	7.5％	5.9％
1991	16.6％	7.5％	5.9％
1992	17.0％	7.7％	6.1％
1993	16.6％	7.9％	6.2％
1994	16.7％	7.8％	6.2％
1995	16.6％	7.9％	6.3％

资料来源:［日］文部省,《文部统计要览》,1998 年,第 164—165 页。

第二章　国外初等中等教育财政概况

第一节　美国初等中等教育财政

要想了解各国的教育财政,就要对各国的教育制度有所了解。

美国各级各类教育在结构上相互衔接,上下沟通。按照法律规定,美国公民不分男女、宗教信仰、种族、阶级,也不论居住地点和年龄,都有平等的受教育机会,一生都可以选修正式课程或参加非正式课程。这是美国区别于其他欧洲国家教育制度的一个显著特点,称为单轨制。美国现行学制还体现了统一性与多样性相结合的特点。由于实行彻底的教育分权制,美国没有全国统一的学制。美国现行学制基本上是:初等教育和中等教育 12 年,高等教育 4 年,加上研究院,总计学程为 20 年左右。美国的义务教育,有 29 个州从 7 岁开始,16 个州从 6 岁开始,3 个州从 5 岁开始。义务教育的年限,长则 12 年,短则 8 年,一般为 9 年,通常到 16 岁结束。美国 50 个州都规定中学和小学为免费教育。美国的学位主要包括:副学士学位、学士学位、硕士学位和博士学位。

美国学前教育机构种类繁多,不管公立还是私立,大致可以分为保育学校(招收 3—5 岁的儿童)与幼儿园(招收 4—6 岁儿童)两类。美国初等教育的机构为公立和私立小学。小学开设的课程一般有:语文(阅读、说话、拼写、书法),算术,社会(把历史、政治、社会学、心理学等科目综合在一起),科学(主要是自然常识),美术和应用艺术、音乐、体育、卫生和劳作等。中学主要有四年制、六年一贯制和三三制三种。美国的中学以综合中学为主体,兼施普通和职业技术教育、也有单独设立的普通中学、职业技术学校、特科中学和其他中学。中学的课程分为两类：一类是学术性科目，如英语、社会学科、理科、数学、外语、人文学科；另一类为非学术性科目，如卫生、体育、家政、音乐、美术、工艺等。教学组织形式主要是分级制，也采用其他分组办法。

美国职业教育的对象根据 1936 年《职业教育法》划为四大类：(1)中学在校生。(2)想接受职业教育的中学毕业生或肄业生。(3)早已进入劳动市场——就业、待业或失业，为了保持现有的工作，改善他们的工作和(或)寻找合适的、有意义的职位而需要继续培训者。(4)因学术、社会、经济或其他方面的缺陷而难以在常规教育计划中获得成功者。在课程设置上，文化课与职业课的比例，理论课与实验实习课的比例，视职业要求和学校类型而定。普遍重视实际训练，把培养实践技能放在首位。美国高等学校的特点是数量多、层次多、类型多、形式多，基本上都是围绕着实现教学、科研、服务三大任务进行的。教育宗旨是为每个人以及他人和社会的利益，帮助他们把能力发挥到最大程度；通过研究及学术成就扩展人类的知识和幸福；通过相应的和适应的服务，满足社会的需要。

(一)美国初等中等教育费占美国教育费整体的比例

在教育内部如何合理确定各级各类教育费的比例，是教育费使用中的一个重要问题。

从下表中可看出，1960 年，美国初等中等教育费占整体教育费的比例约是 34％，没有高等教育费的比例高，原因有二：一是初等中等教育本身就不需要太大的投资，校舍、设备、人员费不需像高等教育那么大的资金；二是美国自二战后加大对高等教育的投资，以更快更直接地服务于国家经济建设。和其他国家相比，美国的初等中等教育投资也不是很高的，只比日本、苏联、瑞士、挪威的投资高。

表 2-1　各级生均费用之国际比较(以每名小学生的平均费用为 1)

	美国	日本	英国	德国	法国	意大利	苏联	泰国	缅甸	澳大利亚	瑞士	挪威	荷兰
小	1	1	1	1	1	1	1	1	1	1	1	1	1
中	1.4	1.5	1.2	1.9	3.2	2.6	1.2	3.1	13	1.9	0.9	2	2.7
大	4.6	5.7	1.3	4.8	4.0	4.5	4.5	2.5	16.6	4.2	4	8.8	1.7

注:表中是 1960 年的数字,摘引自《教育研究》,1980 年第 3 期,第 31 页。

(二)初等中等教育费的来源

美国是十二年制义务教育国家,教育经费主要来自各级政府的拨款,当然也有学费及各种教育基金及教会的支持,但这部分经费来源只在私立教育中占有很大比重,而公立教育比重较小。

表 2-2　各级政府对初等中等教育投入的比例％(10 亿)

	1955—1956		1969—1970		1983—1984	
	数量 $	百分比	数量 $	百分比	数量 $	百分比
公私立合计	12.8	100.0	45.7	100	139.0	100.0
联邦	0.5	3.9	3.4	7.4	8.7	6.2
州	3.8	29.7	15.8	34.6	61.2	44.0
市地	7.2	56.2	21.7	47.5	57.2	41.2
其他	1.3	10.2	4.8	10.5	11.9	8.5
公立合计	11.5	100.0	41.0	100.0	127.5	100.0
联邦	0.5	4.3	3.4	8.3	8.7	6.8
州	3.8	33.1	15.8	38.5	61.2	48.0
市地	7.2	62.6	21.7	52.9	57.2	44.9
其他	—	—	0.1	0.3	0.4	0.3
私立合计	1.3	100.0	4.7	100.0	11.5	100.0
联邦	—	—	—	—	—	—
州	—	—	—	—	—	—
市地	—	—	—	—	—	—
其他	1.3	100.0	4.7	100.0	11.5	100.0

资料来源:*Snyder*(1987)*and Earlier Editions of the Digest.*

1. 联邦的投入

从上表中看,在三级政府中联邦对中小学的投入要比州和地方政府小得多。因为美国这样一个地方分权国家,全国没有一个统一的教育行政系统,教育的责任多在州与地方政府。但随着社会经济的发展,联邦意识到教育对经济发展的意义,也逐渐增加教育投入。在 1930 年联邦投入到中小学的教育经费还不到 1%,1950 年已增加到 3%,这时候的投资包括学生午餐和职业教育、美国历史等科目。1965 年出台的《中小学教育法案》是联邦投入公立教育的正式开始。到 1970 年联邦的投入已增长到 7.4%,资助项目的范围也更加扩大。1980 年,联邦政府对中小学教育的投入开始下降,从 1970 年的 7.4% 降到 1980 年的 6.2%。联邦投入下降的原因,不仅是州和地方政府在 1980 年对教育投资的增加,也由于1980 年的通货膨胀。还有一些对教育的资助项目在 80 年代也不存在了。比如学校社区免费用药计划、教育经济安全计划等都不存在了。

2. 州政府、地方政府的投入

州政府对教育政策的制定、经费的投入负有直接而重要的责任。在1979—1980 年,州政府第一次成为中小学校经费来源的主要支柱,地方政府退居其次。1980—1981 年州政府资助地方学校的美元数量是 502亿美元,这一数字相当于州政府总收入的 21%,与州政府 1981 年在公共事业上的开销相当,是在高速公路上开销的两倍。

一战结束后,地方政府投入的资金占学校收入的 83.2%,而州政府只占 16.5%,只是到了 1930 年、1940 年、1970 年,州政府的投资数额才大有提高。

1930 年,地方政府由于财产税收入的下降而对地方学区的经费投入大量缩减,为填补这一空白,州政府则大步迈入。同时也由于政治因素,父母和教师给州政府施加压力,让州政府接受这一观点:只有州政府才有能力与责任减少各学区差异,增加平等性,才有能力使所有想上学的孩子接受中等教育。这样州政府对学校的投入也就从 1929—1930 年的

16.9％增长到 1934—1940 年的 30.3％。下一大步,即州政府投入增长到 39.8％,是发生在 1940 年。从 1947—1948 年到 1971—1972 年,州政府投入始终保持在 37.4％—39.8％之间。这就意味着杰弗逊总统试图通过初等中等教育提高数学与科学,以改变战争给人们带来的贫穷的努力,没有达到预期效果。

1970 年以后,州政府对教育的投入又迈了一大步,1980 年州政府投入教育的比例超过了地方政府。1984 年,州政府的投入低于 1980 年,但仍高于 1970 年。这主要是由于里根政府的新联邦主义的影响。

(三)初等中等教育费的分配

教育经费在学区、学校如何分配:主要分配到教学中? 管理中? 教学服务中? 提高教师工资中? 抑或兼而有之。

这些问题已成为 20 世纪 90 年代的学校财经领域中需要解决问题的焦点。这涉及美国教育的公平性、合理性、有效性。

1. 从消费的功能看教育费的分配

每年,国家教育统计中心都提供一个全国范围内和各州有关功能消费的资料,但由于各州对功能种类的不同划分,国家教育统计中心也只是提供了有限的几个功能种类的经费分配。如下表 1986—1987 年统计显示的功能种类只有三个:教学、支持性服务(包括一般性的学校管理、实验、娱乐、交通等)和非教学。在全国范围内有 61.1％的教育资金用于教学,35.4％的资金用于支持性服务,只有 3.5％的资金用于非教学性服务。

各个州之间又不完全相同。例如,夏威夷几乎全部的教育资金来自州政府,在教学费上也与全国的平均比相当,即 61.1％,而支持性服务的比例稍小了一点。新罕布夏这一地方政府支持公立教育最大的一州用于教学上的资金达到 65％,略高于全国平均值。肯塔基州用于教学上的资金则是全国最大的,占 73.2％,而西弗吉尼亚州则最小,占 48.2％。

表 2-3　美国及部分州 1986—1987 年教育功能支出

（单位:百万美元）

	总计	教学		支持性服务		非教学	
		数额	百分比	数额	百分比	数额	百分比
全美平均	$146.7	$89.6	61.1	$51.9	35.4	$5.1	3.5
加利福尼亚	16.5	9.3	56.1	6.7	40.8	0.5	3.1
夏威夷	0.58	0.35	61.1	0.19	33.6	0.03	5.3
肯塔基	1.6	1.2	73.2	0.35	22.0	0.08	4.8
新罕布夏	0.59	0.38	65.0	0.20	33.6	0.01	1.4
新泽西	6.1	3.9	63.5	2.0	33.5	0.2	3.0
田纳西	2.2	1.5	69.9	0.51	23.5	0.1	6.6
得克萨斯	10.2	6.1	59.8	3.5	34.4	0.6	5.8
西弗吉尼亚	1.2	0.59	48.2	0.57	46.7	0.06	5.1

资料来源:*Digest of Education Statistics*,1989. P. 154.

正如下表所示,这些功能性支出在几十年里没有太大变化,从 1930—1980 年间,教学支出是从 1950 年的最低点 53.3% 至 1940 年最高点 59.9% 之间变动,1980 年则降低,占 55.5%。而管理性支出到 1980 年升了一个百分点。最大的变化还是固定支出,或许与雇佣人员的利益有关系。这表明,在过去的 50 年里,教学上的支出没有很大的变化。

表 2-4　教育功能支出的百分比(1930—1980 年)

年份	1930	1940	1950	1960	1970	1980
所有学校支出总计	100.0	100.0	100.0	100.0	100.0	100.0
现在所有学校	80.0	83.4	80.9	79.8	85.7	91.2
所有公立中小学支出	79.6	82.8	80.3	79.0	84.1	90.6
管理	3.4	3.9	3.8	3.4	3.9	4.4
教学	56.9	59.9	53.3	53.5	57.2	55.5
操作设备	9.3	8.3	7.3	6.9	6.2	10.6

年份	1930	1940	1950	1960	1970	1980
生活设备	3.4	3.1	3.7	2.7	2.4	10.6
固定支出	2.2	2.1	4.5	5.8	8.0	12.3
其他服务	4.4	5.5	7.7	6.6	6.3	8.3
夏季学校				0.1	0.3	<0.05
成人学校	0.4	0.6	0.6	0.2	0.3	N/A
资本性支出	16.0	11.0	17.4	17.0	11.5	6.8
债务偿还费	4.0	5.6	1.7	3.1	2.9	2.0

资料来源:*Digest of Education Statistics*,1989. P. 151.

2. 区域间教育经费支出的差异

由于美国实施地方教育体系,因此区域间教育经费支出的差异也很大。即便在一个州内,支出的差异也很大。

以纽约州为例,如下表,把教育事业费支出水平分为高、中、低。在一个州内影响教学经费模式特点有几个因素,第一,教学费占州生均事业费的 60%,与全国平均水平相当。第二,生均教学经费随着事业费水平的增长而增长,从最低层的 58%,到中级的 59%,到最高层的 63%。

雇佣人员的支出,通常称为固定消费,大约占总体消费水平的 20%。

表2-5 经费支出功能与支出等级(纽约州)(1977—1978年)

生均支出构成	消费水平		
	高	中	低
事业费	$ 2 863	$ 1 850	$ 1325
中心区管理	80(3%)	42(2%)	48(3%)
中心区服务	829(11%)	240(13%)	156(11%)
教　学	1 822(63%)	1 107(59%)	800(58%)
雇佣工资	559(19%)	373(20%)	271(20%)
交通费	114(4%)	105(6%)	104(8%)

生均支出构成	消费水平		
	高	中	低
教学费	$1 822	$1102	$800
课程发展与监测	175(10%)	116(10%)	55(7%)
教师工资	1 303(72%)	807(73%)	619(77%)
非教学开支	28(2%)	21(2%)	9(1%)
书、物、仪器	58(3%)	41(4%)	36(5%)
学生服务费	138(8%)	71(6%)	47(6%)
特殊需要的学生教师	220(12%)	219	195
学生/班级教师(师生比)	17.2	18.9	20.4
平均教师工资	$22 037	$16 654	$12 716
学士学位教师	9.1	20.2	33.4
硕士博士学位教师	35.9	15.3	6.0
10年工龄以上教师	68.2	53.8	43.6

资料来源:*Digest of Education Statistics*,1989.

第二节　英国初等中等教育财政

英国是一个有悠久教育传统的国家。它的教育体系经过几百年的沿革,相当的完善和复杂,且具有非常大的灵活性。总体来说分为三个阶段:义务教育,延续教育和高等教育。

英国的学生从4岁开始接受义务教育,享受全免费的国家福利,学校甚至还提供免费的午餐,所有的家长必须把自己的孩子送到学校读书。小学教育一般持续到11岁,然后进入中学。英国的中学不分初中高中,从中一到中五共五年的时间。普通中学证书是指完成中学教育最后两年(中四、中五)后取得的文凭。

延续教育是英国教育体系中最有特色也最精彩的部分,它是继小学、中学教育之后的"第三级教育"。为进入高等教育或者就业打下基础。一般来说接受延续教育的学生介于 16 岁和 18 岁之间。它分为两种体系:学业路线和职业路线。学业路线着重于培养学术研究方面的人才,职业路线则结合社会各层面的职业需要,培养在各种行业中具有专门技能和知识的人才。这两种体系在英国受到同等的重视。

学业路线及 GCE A—Level:A—Level 的全称是"普通教育高级证书",是学业路线的重要阶段,它总共有 100 多个科目,学制一般为两年,专业分科极为细致。虽然读此类课程的学生年龄在 16—18 岁之间,但也决不能认为等同于我们在高中学习的课程。我们倾向于把 A—Level 看作大学的基础课,相当于中国大学本科课程的前两年。A—Level 的选科对学生来说非常重要,一般按照两个原则(专业目标原则、擅长原则)来选科。目前每个学生必须从这些课程中选读三门科目,但根据最近英国教育部最新的改革方案,每个学生在第一年的科目要增加到四门,目的是使学生的知识范围更加广泛。

职业路线:英国的职业教育可谓丰富多彩,从美容师到平面美术设计师、从婴儿护理到飞机维修师应有尽有。如果你的动手能力很强,或者在某些方面有特殊专长(如美术、计算机操作等),你就可以选择走职业教育的道路。英国的职业教育与学业路线有一定的对应性,学生可以根据自己的学业情况选择进入学业路线的不同阶段。这种方式给学生提供了更多的选择机会,使不同类型的学生能够充分发挥自己的优势和潜能。

国家通用职业文凭:是一种广泛的职业教育课程,与学业路线中的GCSE 和 A—Level 相平行,但在学业深度和难度上并不亚与这类课程。它的学习的方式灵活多样,学生可以根据自己的需要和兴趣爱好安排课程,选择学分制或模块式的学习方式,甚至可以在学习的过程中穿插工作,在学习和工作同时进行的过程中最终选择自己最喜欢的事业。

高等教育是英国教育体系中的高级阶段,它包括:本科、研究生、博士生、高级国家文凭。高等教育通常都是由大学提供,但许多学院也提供 Bachelor 和 HND 课程。在这里我们介绍一下本科和研究生的相关内容:

英国本科学士学位学制一般三年,但有些大学的某些特殊专业要求读四年或以上,如医科。在英国人眼里,医科和法律专业是最难考取也是最难读的专业(这两种学科的共同点是"人命关天")。进入英国大学本科的路线有多条,最常见的是凭着三门 A—Level 的成绩进入本科。如果你已经取得 GNVQ Advanced 文凭,那么也有资格报读绝大多数大学的本科课程。但英国最好的大学如 Oxford、Cambridge 和 LSE 一般只凭 GNVQ 成绩是进不去的,在 A—Level 中取得优异成绩的学生也只有少数才能通过面试被录取。本科生毕业后取得学士学位,英国的学士学位有很多种,以下是常见的几种类型:文学士、理学士、工程学士、法学士。一般来说"Art"指的是语言、文学和艺术类专业,"Science"指的是自然科学和社会科学等学术研究类专业,而"Engineering"指的是与制造、建筑、环境保护等实用技术有关的专业。在英国,文、理的概念和我们不尽相同,比如中国大学把金融、财会等学科划分到文科类别里,而著名的伦敦政治经济学院则把这些学科归为理科。把财会当作科学来研究,英国人治学之严谨由此亦可见一斑。在学士学位中还有一种"荣誉学士学位",这是一种比普通学士学位更高一等的学位。大多数大学的荣誉学位只要求读三年,只是在深度和难度上略高于普通学士学位。而有些大学的某些专业规定读三年取得学士学位,再加一年取得荣誉学位。英国的研究生课程只需要一年时间,这与中国和美国都不同。在这一年里学生主要是写论文和做课题研究,课堂教学较少,因此其他国家的留学生如果没有在英国经过一段时间的学习或语言不过关,是很难完成这一年课程的。有一些学院为此专门设计了一种研究生预备课程,以帮助留学生能够顺利进入研究生课程并成功取得学位。进入研究生课程的要求是已经取得学士学位,如果有一段时间的相关工作经验也非常有帮助。

研究生毕业后取得硕士学位,硕士学位也有与学士学位对应的几类,此处不再冗述。

英国近代教育财政制度就是从初等教育开始的。初等教育财政的发展大致经历了萌芽时期、形成时期和发展与完善时期。不同的阶段,其经费来源、负担方式与结构各不相同,并表现出一些阶段性的特征。

(一)初等教育财政

1. 初等教育财政的萌芽

英国初等教育是从 18 世纪后期起在产业革命的推动下逐步发展起来的。但由于历史传统、思想观念和宗教的影响,这时英国政府仍不过问教育,初等教育主要由私人或民间团体开办。这种状况远远不能满足产业革命和社会政治生活对教育的要求,促使英国政府在 19 世纪初进一步重视发展初等教育,同时,在国会内部,也展开了国家资助教育的争论。

1807 年,怀特布雷德在议会中提出了第一个《教育法案》,主张设立一种二年制的免费学校,专收 7—14 岁的男女儿童,以征收地方税维持。法案在下院通过,被上院否决。

1816 年,布鲁安建议议会成立一个委员会,调查伦敦贫困儿童的教育状况。1820 年,他再次提出了《教区学校议案》,拟建立一种妥协的国民初等教育制度,即校舍由制造业阶级提供,经常性开支由地方税、民间捐赠和少量的学费维持,但是,他的提案和怀特布雷德的提案遭受了同样的命运。

1832 年,鲁巴克建议所有的英国儿童在 6—12 岁之间必须接受教育,但是,他的提案与其他人的提案一样被否决。同年,"辉格党政府通过了《改革条例》再次唤醒了教育工作者们的希望"。[①]

---

① T. L Jarmam:Landmarks in the History of Education,John Murray(2ed),P. 259.

1833 年,财政部部长阿尔索普提出每年从国库中拨款 2 万英镑补助初等教育的建筑费用,被议会通过。英国政府从此开始补助初等教育,这也是英国国家教育财政制度的开端,英国初等教育处于萌芽时期的标志。

2. 初等教育财政的形成

在 1833 年以后的六年时间里,中央政府每年都以同样的款项补助初等教育,此后,补助的数额逐年增加,1839 年,3 万英镑,1846 年 10 万英镑,1854 年 26 万英镑,1857 年 54 万英镑,1860 年增加到 80 万英镑。但是,由于当时中央没有管理教育经费的机构,1833—1839 年,议会把教育补助金交给"国教贫民教育促进会"和"英国及海外学校协会"这两个教派团体分配与管理。当时除对上述两大协会学校补助之外,其他的学校如果符合条件,并愿意接受监督也给予补助,到 1847 年,天主教等教会学校也受到了补助,补助学校的范围逐步扩大。

在支付了大量的补助金之后,为了解教育的情况,从 1834 年起议会多次组成教育调查委员会。并在 1839 年由政府设立了枢密院教育委员会,负责掌管并监督补助金的分配,同时规定凡接受补助的学校,必须接受国家任命的视学官的监督。1858 年,政府又成立了以纽卡斯尔为主席的国民教育状况调查委员会。经过三年调查,该委员会于 1861 年提出了报告,关于初等教育经费的分担情况,报告指出:政府补助给学校的经费约占总收入的 1/4,学费约占 3/20,其余的一部分是私人的捐赠。在制造业发达的地方,雇主经常捐款,而在农村地区,学校经费的来源主要靠教士捐款,约占总数的 12/13。就其学生来说,总共 1 675 158 人中有 1 549 313 人是由教会供给经费,政府每年补助的儿童只有 92 万,没有得到补助的 120 多万。针对上述情况,该委员会建议,国家应为民间办学机构提供更多的补助,尤其是那些较为贫困的地区和学校。如果政府的拨款不足,就考虑征收地方税来补助,此外,报告还建议,为确保政府拨款得到合理使用,政府应把拨款补贴与最低入学人数结合起来,把地方税补助与学校年度考核指标结合起来,这样既可增加教育投入,又能提高办学标准。

在纽卡斯尔报告的基础上,1862 年,教育局制定了《修正法》,提出"按成绩拨款",即把政府对初等教育的拨款严格限制在儿童的入学和成绩方面,由皇家督学每年对国家补助的初等学校进行检查。政府给予补助的标准是:平均每一个学生一年之中上、下午都到校的给以补助 4 先令;只是夜晚上学的每人给以 2 先令 6 便士;学生到校上午或下午共计超过 200 次的,且年龄在 6 岁以上并通过考试的,给 8 先令;年龄在 6 岁以下,给 6 先令 6 便士,年龄在 6 岁以上的儿童,即使可以得 8 先令,但在读、写、算三门的功课中,有一门不及格,便扣去 8 先令中的 1/3。另外,督学如看到学校的普遍情况不能令人满意或学生不及格,可以决定是否给以补助。这一补助制度促进了初等教育人数的大量增长,但是,它同时也导致了学校课程范围的缩小,教师只重视能够得到补助的"3R"课程,严重地影响了教育质量。而当时无论是英国工业发展,还是国内的政治变革,都要求政府不但要提供数量,而且还要提供适当质量的初等教育,于是,英国议会于 1870 年通过了《初等教育法》,强调要以最快的速度发展初等教育。对于初等教育的经费,法案提出利用政府的补助金、学费和地方税维持,各占 1/3。至此,英国初步形成了由中央、地方和私人共同担负的初等教育经费分担方式。

3. 初等教育财政的发展与完善

1870 年《初等教育法》的颁布,虽为英国初等教育的发展在经费方面提供了一定的保障,促进了初等学校发展和入学人数的增加,但是,由于该法没有提出要实行免费的普及义务教育,这与当时社会发展对初等教育的要求还有一定的距离,因此,法案颁布以后,英国议会又相继颁布了一系列有关普及初等教育的法案,逐步实现普及初等教育。与此同时,初等教育财政也日益发展完善。

1876 年,政府颁布了《色当法》,规定"父母有送儿童入学的义务……

凡 10 岁以下的儿童,如未通过教育局规定的第四级标准,或到校 5 年,未到 250 次的不得雇佣"。对于初等教育免费,法案规定:父母如不能给子女提供初等教育经费,可将此情况告诉该区贫穷监护人,由监护人替他交纳学费。1880 年,又颁布了初等教育法,即《芒迪拉法》,要求所有学区一律采用强迫入学的办法,凡 5—10 岁的儿童必须入学,10—14 岁的儿童必须获得证明,证明其学业已达到某项水平方可免除入学。

为贯彻强迫入学,1891 年,政府通过受国库补助的初等教育免费法案。规定所有学区在 12 个月内为所有提出免费要求的家长提供免费学额,学校因此而失去的收入由中央政府补偿,每年每个学生增拨 10 先令的教育补助费。此后,初等教育的国库补助金不断增加,大部分的初等学校实行了免费教育,到 19 世纪末,只有约 1/6 的初等学校仍在收费。第一次世界大战结束后,当时的教育部长费舍充分地认识到教育在战后国家重建中的重要性,疾呼政府重视初等教育,不久,议会通过了由他主持起草的教育法,明确规定初等教育一律免费,中央政府提供不少于 50% 的补助费。这样,经过几十年的努力,英国初等教育真正地实现了免费。1944 年的教育法对于初等教育沿袭了 1918 年所确立的免费原则,规定地方教育当局有义务为本地区的青少年提供足够的教育设施,保证他们完成义务教育,中央政府提供补助金,而且,随着英国经济的发展,福利政策的推行,初等教育已从免除学费逐步扩大到向学生提供课本、膳食、交通等费用。1974—1975 年度,中央政府为初等教育支出了 14 百万英镑,地方教育当局支出 1 165 百万英镑,中央与地方是英国教育经费的主要分担者,英国初等教育财政在发展中更加完善,义务教育的年限也从 1918 年的 5—14 岁,到 1944 年延长到 5—15 岁,70 年代延长到 5—16 岁。由于充足经费的保障,初等教育的入学率达到了 90% 以上。

从英国初等教育财政的沿革来看,英国初等教育财政经历萌芽时期、形成时期、发展与完善时期。在不同的阶段,其经费分担情况是这样的:萌芽阶段,民间办学,中央政府给予少量补助;形成时期,中央、地方和私人共同分担经费;完善时期,中央补助,地方直接承担,免费教育。初等教育经费占教育经费的整体比例,1920 年为 42.8%,1930 年为 42.6%,1938 年为 39.5%,1948 年为 31.9%,1953 年为 30%,1955 年为 30.7%,[①]1960 年为 27.1%,1965 年为 24.7%,1970 年为 23.7%,1975 年为 21.8%,1980 年为 26.6%,1984 年为 21.7%。[②]

(二)中等教育财政

英国早期的中学通常指公学和捐办文法学校。19 世纪以前,这类学校主要靠捐赠设立的基金和学费维持,19 世纪末期,政府才开始少量补助中等学校,因此,从时间上来说,英国中等教育财政制度的形成晚于初等教育财政,但其形成的过程却因社会经济发展和思想观念的更新而比初等教育迅速。

1. 中等教育财政的产生

英国的中等教育财政作为国家教育财政问题提出来,是在 1861 年由克拉伦敦任主席的公学调查委员会和以汤顿为主席的学校调查委员会对中等教育状况进行调查之后开始的。汤顿委员会在 1868 年的调查报告中将当时的文法学校分为三类,每类学校分别对应于中产阶级的不同层次,下层阶级几乎与中等教育无缘,中学生数在同年龄层人口中所占的比例不到 2.5‰,这与当时的现实要求相去甚远。因此,汤顿委员会最后指出,真正有才能的男孩,不论属于哪个社会阶层,都应该获得最大的资助和适当的鼓励,这是有关国家利益的重大问题。他们建议,在继续办好文法学校的同时,还应大力为下层阶级设置专业年限较短,而传授技术和职业教育科目的学校,由政府拨款和管理,这是英国中央政府介入中等教育财政的开端。

19 世纪 70 年代,在资本主义工业发展的基础上,英国开始了以电气

---

① [日]市川昭午、林健久:《教育财政》,东京大学出版会,1976 年,第 144 页。
② 转引自王善迈:《教育投资与财务改革》,北京经济学院出版社,1988 年,第 81—82 页。

化为标志的第二次工业技术革命，由于生产、科技的发展，对劳动者的文化水平提出了更高要求，发展中等教育成了当时英国政府的当务之急。1889年，英国议会通过了《技术教育法》。1890年，颁布了《地方税法》，赋予郡和郡级市议会办理中等教育的权力。根据1889年的《技术教育法》，郡议会为维持技术和手工学校，可以在地方征收每镑不超过1便士的税。1890年的地方税法赋予地方一种酒税权，地方可以用酒税的一部分或全部去开展技术教育，在法案公布的四年内，各郡议会得到的酒税共有168万英镑，这一款项都用于办理技术教育，除此之外，各郡议会还支出了一笔款项补助中等学校设立免费学额，并对夜间补习学校也给予补助，1890年，技术教育补助金为5 000英镑，到1895—1896年，达到654 463英镑，1900—1901年度发展到863 847英镑。

尽管上述法案对中等教育的发展具有一定的推动作用，但是，由于这些财源措施主要以工业技术教育为中心，并没有从根本上解决下层社会的中等教育问题，为了筹划和建设良好的中等教育，1894年，英国成立了以布赖斯为主席的中等教育委员会，1895年该委员会发表了调查报告，就中等教育经费来源问题提出建议。地方教育行政机关在发展和管理中等教育时，有资格征收2便士的地方税并接受中央的拨款，该委员会没有提出中等教育免费的建议，但他们主张拓展中等学校中的免费学额，使小学和高级小学的毕业生能享受中等教育的机会。1895—1906年，中等学校免费学额从2 500个增加到23 000多个。报告还指出，各中等教育的主管机关缺少联络，建议设立一个单一的中央教育机关，以监督全国的中等教育问题。布赖斯委员会的报告，引起了政府对中等教育的重视，20世纪以后，英国政府先后颁布了一系列教育法案和报告，加速发展和普及中等教育，为此政府对中等教育财政也做了一些新的规定。

2. 中等教育财政的发展

1902年，英国政府颁布了《巴尔福尔法》，可以说，这是布赖斯委员会提议的进一步实现。法案规定设立第二部分地方教育当局开办并管理本地区所需的中等学校。在经费方面,地方教育当局依据1890年的地方税收,可以支配补助费,并可以征收每镑不超过2便士的税以供中等教育之用。法案还规定,技术科学各科可以获得公款补助。由于《巴尔福尔法》的影响,英国列入教育部拨款名单的中等学校数量明显增加,1902—1903年,接受拨款的学校有31所,1904—1905年增加到482所,学生63782名,1907—1908年,学校742所,学生124110名,至1914—1915年度,更是发展到学校929所,学生180507名。此外,中等学校奖学金的名额也大量增加。1906年,政府还推行了免费学额制度,规定所有受到政府拨款补助的中等学校至少要拨出25%的免费学额给经过11岁考试的学生,这使通过奖学金和免费学额进入中等学校学习的人数在1906—1914年间增加了两倍。

《巴尔福尔法》颁布后,英国的中等教育有了一定的发展,中等教育也越来越受到人们重视,但到1920年时,实际只有5%—9%的小学毕业生能进入中等学校,这种状况不能适应第一次世界大战后英国经济发展的需要。因此,1924年工党执政后,明确宣布"人人受中等教育"的原则,并于当年委托中央教育咨询委员会对初等教育后的组织、目标等状况进行考察。1926年,以哈多为主席的咨询委员会发表了《青少年教育》的咨询报告,对进不了文法学校的90%的青少年教育提出了重要建议。关于教育经费,报告提出:要使现代学校享有与文法学校同等的地位,而不是成为低一级的学校,就必须使之享有足够的人力、物力资源,表达了为不同类型的中等教育提供同样补助的思想。1928年,英国政府正式拨款实施哈多的教育计划,由于经济危机和战争的影响,哈多报告实施极为缓慢,但哈多报告的基本原则被1944年的教育法采纳,并于1947年开始实施。

3. 中等教育财政的变革

第二次世界大战期间,英国失去了往日的实力和世界地位,为了能在战后更激烈的国际竞争中找到生存的立足点,英国政府在战火未熄之时就开始急切地将注意力转向了教育,组织各种委员会进行教育调查,参考哈多报告、1936 年的教育法、斯宾士报告等文件中有关教育改革的思想和方案,发表了诺伍德报告和 1943 年《教育的改造》白皮书,概括了英国政府对战后教育改革的设想及政策的基本精神,成为战后积极重建教育的思想依据与 1944 年教育法的基础。对于中等教育财政,1944 年的教育法规定:延长义务教育年龄至 15 岁,废除中学学费向所有儿童开放中等教育,使每个儿童接受中等教育是地方教育当局和家长们的责任及义务。中等教育成为义务教育的一部分。这样,20 世纪 20 年代就已提出的"人人受中等教育"的思想终于在 1944 年的教育法中得到了实现,英国义务教育进入了普及中等教育的阶段。

中等教育体制一直是英国教育领域一个很敏感的问题,1944 年的教育法对此没有作出明确的具体规定,1945 年后英国正式推行文法、技术和现代三类中学。20 世纪六七十年代是英国中等教育的大变革时期,以建立综合中学作为这一阶段的标志,政府有关中等教育财政的法规和文件也是为此而制定的。如 1966 年教育科学部发布第 10 号通告,规定不以综合改组为目的而建造的校舍不能得到教育科学部拨出的任何资金。20 世纪 70 年代中期,中央与地方为中等教育支付的资金共计 1 466 百万英镑,其中,中央政府为 26.8 百万英镑,地方政府是 1 439.2 百万英镑。1979 年,撒切尔夫人领导的保守党执政后,与英国社会整体经济政策相适应,英国的教育财政也出现了一些变化。如推行"教育券计划"和"补助学额计划",这些虽对英国中等教育财政产生了一定的影响,但自 1944 年以来所确立的中等教育免费原则和长期以来所形成的中等教育财政体系并没有发生大的改变。如同初等教育经费的分担方式一样,英国的中等教育经费在 1944 年以前也是由中央政府拨款、地方税收和学费构成。1944 年以后,主要由中央和地方共同负担,以地方教育当局为主,中

央给予一定的补助。中等教育经费在公共教育经费中所占的比例:1920
年 17.7%,1930 年 18.7%,1938 年 23.0%,1948 年 21.4%,1953 年
21.1%,1955 年 22.3%,1965 年 28.0%,[1]1970 年 32.0%,1975 年
36.5%,1980 年 40.1%,1984 年 40.7%。[2]

和初等教育相反,英国中等教育财政所占公共教育经费比例一直呈
递增态势。这是因为 19 世纪末和 20 世纪初,英国社会发展要求政府重
点发展初等教育,因而中等教育获得的经费较少。虽然 20 世纪 20 年代
提出了"人人受中等教育"的主张,但由于战争和经济危机的影响,这一
计划一直到第二次世界大战结束后,在工业、技术和经济发展的驱动下
才变成现实。20 世纪 60 年代中期以后,初等教育入学人数减少,中等教
育生源增加,这几方面因素的共同作用决定了初等中等教育经费所占比
例的变化。

第三节　日本初等中等教育财政

日本战后教育改革,建立了"六三三四制"的学校教育体制。《学校
教育法》规定,"所谓学校,系指小学、初级中学、高级中学、大学、高等专
门学校、盲人学校、聋哑学校、养护学校以及幼儿园。"

日本的学前教育机构有两种:一种是幼儿园,属于学校教育制度的
组成部分,招收 3～6 岁幼儿,由文部省领导;另一种是保育所,属于福利
机构,招收从出生到 6 岁的幼儿,由厚生省领导。幼儿园的教育内容分为
健康、人际关系、环境、语言和表现 5 个领域。

日本实施初等教育的机构是单一的六年制小学,儿童满 6 周岁入学,
12 周岁毕业,属于义务教育阶段。新学年从 4 月份开学,多数小学采用
三学期体制,三学期之间分别为暑假、寒假和春假。小学的教育课程由

---

① [日]市川昭午、林健久:《教育财政》,东京大学出版会,1976 年,第 144 页。
② 转引自王善迈:《教育投资与财务改革》,北京经济学院出版社,1988 年,第 81—82 页。

各学科、道德和特别活动三部分组成。教学科目包括国语、社会、算数、理科、音乐、图画、家政、体育，文部省对这些科目都有详细具体的规定。

日本的中等教育分初中和高中两个阶段，初中属于义务教育的完成阶段。《学校教育法》规定，初中是在小学教育的基础上，适应学生的身心发展，实施中等普通教育。教育内容由各学科课程、道德和特别活动构成。教学内容包括必修课和选修课。必修课包括国语、社会、数学、理科、音乐、美术、保健体育、技术与家庭等八门，选修课的种类在第一学年主要是外语，第二学年为音乐、美术、保健体育、技术与家庭以及外语。第三学年除在必修的八门课程中选择外，还有外语等。高中学制三年，种类较多，通常按学科划分为普通、职业和综合三类，按授课方式分为全日制、定时制和函授制三种形式。高中教育内容同样由各学科、道德和特别活动构成，设必修课和选修课，实行学分制，毕业需要修满 80 学分。一般学科课程为国语、地理公民、数学、理科、保健体育、艺术、外语及家庭。为了适应科技和社会的变化，各科开设了与之有关的"课题研究"课，以提高学生解决实际问题的能力。

日本的高等教育已经形成多层次、多类型的结构。按照资金来源的不同可分为国立、公立和私立三大类，从学术水平上看，日本的高等教育是三级结构：第一级结构是短期大学和高等专门学校。以开展高等职业教育和培养实际生活能力为目的。第二级结构是 4 年制大学；包括综合大学、多科大学和单科大学。第三级结构是研究生院，包括设置在学部的研究科和研究生院大学，旨在"教授和研究学术理论及应用，深究其奥义和促进文化发展"。日本大学的教学采取学科目制和讲座制两种形式。所谓学科目制就是按照必要的科目设置课程和安排教师上课；讲座制则是根据专业设置在同专业中开设一定的专业讲座，并根据讲座安排教师。

(一)义务教育费占学校教育费的比率及财源比率

1. 义务教育费占学校教育费的比率(单位:百万日元)

年度	学校教育费	义务教育费	构成比%
1990	22 536 633	10 697 176	47.5
1992	23 842 427	11 223 610	47.1
1993	24 595 776	11 609 106	47.2
1994	25 104 645	11 534 237	46.0
1995	25 084 424	11 460 576	45.7
1996	25 740 558	11 694 947	45.4

资料来源:[日]文部省,《文部统计要览》,1998年,第164—165页。

上表表明,截至1996年的义务教育费从绝对数字上虽然略有增加,但其占学校教育费的比率却是在一直下降。在一个始终重视义务教育的日本,为什么会出现这一现象呢?主要原因是学龄人口减少,使在校人数及教员人数下降,从而导致义务教育费占学校教育费的比率下降,但在校生人均学校教育费却有所增加。

(1)义务教育在校生数

年度	小学在校人数	初中在校人数	计
1990	9 373 295	5 369 162	14 742 457
1993	8 768 881	4 850 137	13 619 018
1994	8 582 871	4 861 166	13 444 037
1995	8 370 246	4 570 390	12 940 636
1996	8 105 629	4 527 400	12 633 029
1997	7 855 387	4 481 480	12 336 867

资料来源:[日]文部省,《文部统计要览》,1998年,第48、51页。

（2）义务教育教员数

年度	小学教员数	初中教员数	计
1990	444 218	286 065	730 283
1993	434 945	273 527	708 472
1994	430 958	271 020	704 485
1995	425 714	270 972	696 686
1996	420 901	270 229	691 130

资料来源：[日]文部省，《文部统计要览》，1998年，第48、52页。

（3）义务教育在校生人均学校教育费（单位：日元）

区分		小学	初中
1991年度	实额	711 338	792 639
	增长率	6.5	9.5
1994年度	实额	776 047	881 029
	增长率	1.2	2.7
1995年度	实额	816 383	906 945
	增长率	5.2	2.9
1996年度	实额	843 914	917 920
	增长率	3.4	1.2

资料来源：[日]《教育委员会月报》，1998年8月号，第65页。

2.1996年度义务教育费的财源比率（单位：百万日元）

区分	义务教育费	构成比%
计	11 694 947	100.0
国家	3 153 204	27.0
地方	8 299 026	70.3
学校法人等	315 763	2.7

资料来源：[日]文部省，《文部统计要览》，1998年，第164—165页。

从上表可知，义务教育费的财源比率，地方教育费占70%以上，远远超出教育费总额中地方财源的比率,显示出义务教育费主要由地方财政负担的特点。

(二)义务教育费分担的结构与方式

1. 义务教育各学校的教职员工资负担

公立义务教育诸学校的教职员工资负担及市(除指定都市)镇村立高中定时制课程的教职员工资负担可谓"设置者负担例外"的典型。

(1)县费负担

市镇村立学校教职员工资负担法规定,都道府县负担市(含特别区)镇村立小学、初中及盲学校、聋学校、养护学校教职员(校长、教务主任、教谕、养护教谕、助教谕、养护助教谕、宿舍管理员、讲师、学校营养职员、事务职员)的"工资及其他津贴"[工资、抚养津贴、调整津贴、住房津贴、初任工资调整津贴、通勤津贴、单身赴任津贴、特殊勤务津贴、特殊地区勤务津贴、偏僻地区津贴、业余勤务津贴(只限学校营养职员、事务职员)、值日(宿)津贴、管理职员特别勤务津贴、管理职务津贴、期末津贴、勤奋工作津贴、义务教育等教员的特别津贴、寒冷地区津贴、退职津贴、退职年金及一次性退职金、旅差费](第 1 条)。这里的教职员"工资及其他津贴"的开列是限定性开列,而不是举例性的开列。

对于非义务教育诸学校的教职员,依据同一法律,设置定时制课程的市(除指定都市)镇村立高中的校长(不含定时制课程以外的全日制课程的学校)、负责有关定时制课程校务的教务主任、担任定时制课程教学的教谕、助教谕、讲师的"工资及其他津贴"、定时制函授教育津贴、产业教育津贴也都由都道府县负担。

身份是市(含特别区)镇村立学校的教职员,但"工资及其他津贴"由都道府县负担的教职员被称作县费负担教职员,其任命权属于都道府县教育委员会(关于地方教育行政的组织及运营的法律第 37 条)。如上所述,县费负担教职员的"工资及其他津贴"等是由都道府县条例决定的

（第 42 条）。

（2）义务教育费国库负担法

①义务教育费国库负担法规定"公立小学及初中以及盲学校、聋学校的小学部和初中部……所需经费中"，按工资负担法由都道府县负担的"有关市（含特别区）镇村立义务教育诸学校、在市镇村立学校职员工资负担法……第 1 条中所载的职员工资及其他津贴（退职年金及一次性退职金、旅差费除外）所需经费"实际支出额的 1/2"由国家负担"，但有特别情况时，可由政令规定按都道府县负担国库负担额之最高限度（第 2条）。

②关于养护学校的小学部、初中部教职员"工资及其他津贴"的 1/2国库负担，伴随养护学校的义务教育从 1979 年度开始实施，也适用于公立养护学校整备特别措施法的规定。

这样，关于义务教育诸学校教职员的工资费，根据工资负担法和义务教育费国库负担法、公立养护学校整备特别措施法，"设置者负担的例外"几乎全面适用。根据这一制度，关于市（含特别区）镇村立小学、初中教职员的工资费，依最近的统计，约 44％是国库负担，约 50％由都道府县负担，作为"设置者"的市（含特别区）镇村的负担不过约 6％。

2. 对于公立学校设施费的国库负担

（1）义务教育诸学校设施费的国库负担法

"设置者负担例外"的第二种情况，是对公立义务教育诸学校设施费的国库负担。

义务教育诸学校设施费国库负担法是以为"促进公立义务教育诸学校的设施完善而规定这些学校建筑物的建筑所需经费由国家负担一部分，从而确保义务教育诸学校的教育顺利实施为目的"（第 1 条）而制定的。在同法中，所谓"义务教育诸学校"，同前述的义务教育费国库负担法的情况一样，关于养护学校，适用于公立养护学校整备特别措施法。另外，所谓"建筑物"是指校舍、室内运动场、寄宿生寄舍（第 2 条）。

国库负担的比例如下：

①为解决公立小学、初中教室不足问题而新建、增建校舍……1/2。

②新建、增建小学、初中的室内运动场……1/2。

③新建、增建盲、聋学校小学、初中部的建筑物……1/2。

④为了使公立小学、初中有一定适当的规模而新建必要的校舍、室内运动场……1/2。

⑤公立的义务教育诸学校的建筑物中，处于结构危险状态的改建……1/3。

（2）其他的国库负担、补助

此外，关于灾后修复，有公立学校设施灾害修复费国库负担法。此法律适用于包括义务教育诸学校在内，一切"公立的学校，即学校教育法第1条中所规定的"（第2条第1项）学校。同法中的"设施"是指建筑物以外的土木建筑、土地、设备；"灾害"是指暴风、洪水、海啸、地震、大火，以及因其他异常现象而导致的灾害（第2条第2、3项）。国家的负担比例是2/3（第3条）。

以上述学校设施费方面的国库负担制度为基础来看公立小学、初中设施费负担内容的话，按最近的统计，国库负担约25％，作为设置者的市（含特别区）镇村的负担约75％。市（含特别区）镇村的负担比例比法律上的国家的负担比例高，主要的原因是：关于经费估算，要按政令规定的基准，而实际的施工费用却超过基准。

除了上述以义务教育诸学校教育费的国库负担为目的的"单独"的诸法律外，我们还可以在偏僻地区教育振兴法、理科教育振兴法、产业教育振兴法、体育运动振兴法、学校图书馆法、学校供餐法等法律中见到有关义务教育振兴、奖励等的国库负担、补助的根据规定。除了以这些根据规定为依据的"法律补助"，还有"预算补助"。

3. 入学奖励制度和义务教育教科书无偿制度

（1）关于入学奖励的一般性规定

如前所述,现代教育财政是为实现教育机会均等的公共经济。因此,纠正因地方公共团体相互间的财政力差距而产生的教育条件的差距;消除个人水平上的不利之处被作为两大课题。

从后者的角度看,教育的机会均等不只是在接近教育场所之际要"禁止差别",它也与利用教育场所之际的"消除障碍和补偿有联系"。《教育基本法》第3条(教育机会均等)第1项这样写道:"对所有国民必须一律给予接受与其能力相适应的教育的机会,不因种族、信仰、性别、社会身份、经济地位或门第的不同而在教育上有所差别",从而规定了入口处的"禁止差别"。同时,主要与第1项的"经济地位"相关联,第2项要求"国家和地方公共团体,必须对虽有能力却因经济原因就学困难者采取奖学办法",从而规定了在出口处可以实现"结果平等"的"消除障碍和补偿"。这个第2项是对修学奖励的一般性规定,而以《学校教育法》为首的文部省的有关诸法规,以及以《生活保护法》为首的厚生省的有关诸法规构成了具体规定。

(2)义务教育中的"经济援助义务"

义务教育制度中的就学义务,被承认"因体弱多病、发育不完全及其他不得已的原因而就学有困难"的场合,可以推迟或免除(《学校教育法》第23条),而"其他不得已的原因"中"不包括经济方面的理由"。于是,作为实质性保障就学义务的制度便规定了"经济援助义务"。即:《学校教育法》作为对保护人的援助而规定"对于被认作是因经济原因而就学有困难的学龄儿童(学生)的保护人,市镇村必须给予必要的援助"(同法第25、40条)。此规定在教育法制上扫除救贫的、慈善恩惠的观点,确立了"受教育权利"的保障措施。

对于《学校教育法》规定的市(含特别区)镇村经济援助,根据关于对就学困难的小学、中学生的就学奖励的国家援助的有关法律及其施行令,国家援助1/2。

在《学校教育法》规定的"经济援助"("教育补助")之外,还有《生活保护法》所规定的"教育扶助"。

与《教育基本法》第 3 条第 2 项的规定相关联,还有以义务教育后的高中、大学为对象的《日本育英会法》。此法律以"对于优秀学生中由于经济原因学习困难者,通过出借学费,以促进对国家与社会有为人才的培养,同时有助于教育机会均等"(第 1 条),规定对高中、大学(含短期大学)、研究生院、高等专门学校、专修学校的学生的求学费用的出借等(同法施行令第 2 条)。以此法为基础的制度,是向育英倾斜的奖学制度。

(3)对进入盲、聋、养护学校学习的奖励

关于奖励入盲学校、聋学校及养护学校学习的法律以"遵循教育机会均等的宗旨,并鉴于对盲学校、聋学校及养护学校的就学特殊情况,规定国家和地方公共团体对就学该类学校的中、小学生进行必要的援助,以谋求奖励该类学校教育的普及"(第 1 条),要求"都道府县为减轻保护人等的经济负担,必须按保护人的负担能力程度支付入这些学校学习所需经费的全部或一部分"(第 2 条第 1 项),并规定"国家负担都道府县所支付经费的 1/2"(第 4 条)。而"国家必须支付入国立盲学校、聋学校及养护学校就学所需的经费"(第 2 条第 4 项)。

如上所述,虽然是"按负担能力程度"实行倾斜支付,但我们应注意到:援助对象涉及①所有保护人,②义务教育后的高中阶段,③国公私立,④广泛范围的经费。

(4)义务教育教科书无偿制度

教育机会均等包含义务性和无偿性原则。关于义务教育的无偿性,表现在无偿的内容、对象扩大的倾向,而尤为重要的是内容的扩大,即不只是学费无偿,教科书也实施无偿制度。

第三章 国外高等教育财政概况

第一节 美国高等教育财政

确定高等教育经费的投入是否合理,一要看公共高教费支出占国民收入的比重,二要看高教费的支出占教育费整体的比例。

(一)高等教育费的水平

1. 公共高教经费支出占国民收入的比例

美国在短短一百多年的时间里,就发展成为世界上经济最发达、科学技术最先进的国家。究其原因,除了美国有优越的天时地利条件,两次世界大战不但未伤元气而且刺激了经济发展,掠夺了大量的第三世界国家的资源,以及美国人勇于开拓创新等因素外,还和美国能够较快地实现从依靠增加劳动力和物质资源发展国民经济向依靠科技和提高劳动力素质发展国民经济过渡分不开。在实现经济发展的战略转移中,美国投入了大量的资金发展高等教育。从 1930—1970 年的 40 年间,高等教育的经费增长了 40 倍,高等教育的开支占国民生产总值的百分比也持续增长。尤其战后,美国上至联邦政府下至普通百姓都意识到了高等教育对国家安全和发展及个人利益的重大战略作用,因此举国支持高等教育,大力投资发展高等教育。在这段时期,高等教育经费的增长是惊人的,从 1945 年到 1970 年,高等学校的日常开支增长了近 30 倍,高等教育的开支占国民生产总值的百分比也持续增长。见下表:

表 3-1　美国高等学校开支及其占国民生产总值百分比

（1939/1940—1974/1975）

年份	开支（百万美元）	开支占国民生产总值的百分比
1939—1940	674.7	0.8
1945—1946	/	0.5
1949—1950	2 259.9	1.0
1955—1956	3 524.7	1.0
1959—1960	5 628.0	1.4
1965—1966	12 509.5	2.1
1969—1970	21 043.1	2.6
1974—1975	35 059.6	2.7

资料来源：*American Council on Education*,*Fact Book*,1980.

从上表中可以看出,美国高等学校开支及占国民生产总值的百分比从 1939 年至 1975 年是逐年上升的,不仅绝对数量上升,占国民生产总值的百分比也上升了近一个百分点。可见美国对高等教育投入的重视。

从横向的国际比较看,见表 3-2:美国高等教育的投资也是处于世界前列的。国家教育经费投入在国民收入中的比例也较高。在 1989 年财政年度,美国政府在公立学校上的投入占国民收入的比例是 4.7%(中小学教育是 3.6%,高等教育是 1.1%),低于加拿大,高于日本、德国、英国、法国。

国家在每个学生身上的平均花费,见表 3-2:在 1989 年财政年度,美国政府为公立中小学投入的花费是每年人均 3 846 美元,居世界第一位。高等学校大学生投入的花费是每年人均 5 443 美元,居世界第 4 位。

表 3－2　1988—1989 年度国家对公立高校的投入与
国民收入比例及每个学生的年均花费(美元)

	占国民收入的比例	每个大学生的年均花费
美国	4.7	5 643
日本	4.0	7 221
西德	3.4	4 255
英国	4.3	5 989
法国	4.2	3 219
加拿大	5.9	6 951

资料来源：*The Condition of Education*，1992，*U. S. Department of Education*，P.133.

2. 公共高教费支出占教育费整体的比例

在教育内部如何确定各级各类教育费的比例,是教育费使用中的一个重要问题。美国的公共高教费在教育费的整体比例较高。见下表：

表 3－3　世界上发达国家大、中、小学生每年人均费用
之比较(以每名小学生的平均费用为 1)

国别	美国	日本	英国	联邦德国	法国	意大利	苏联
小学	1	1	1	1	1	1	1
中学	1.4	1.5	1.2	1.9	3.2	2.6	1.2
大学	4.6	5.7	1.3	4.8	4.0	4.5	4.5

注：表中是 1960 年的数字,引自《教育研究》,1980 年第 3 期第 31 页。

从上表可以看出,美国人均教育费,大学生远远高于中、小学生,大学生的人均教育费几乎占整个教育费的 66%。而与其他发达国家相比,美国大学生的人均费用也居前列,居第 3 位,只比日本和联邦德国低。

3. 高教费升降的历史轨迹

美国高等教育费无论从占国民收入的比例还是占教育费整体的比

例来看都比较高,但是这个高比例也是相对的,是相对于其他国家,相对于本国中小学。而从美国高等教育费的历史发展来看,在美国 1965—1992 年的财政记录上,国家高校教育投资呈现着一条时升时降,以降为多的浮动曲线。从下表中可以看到,从 1965—1975 年间,美国的高等教育费投入曾有过 10 年的增长时期,这也是美国有史以来教育投入上最为辉煌的一段时间。但自 1975 年以后,教育投资开始走下坡路。1975—1980 年,教育投资呈逐年下降状态。1980 年以后至 90 年代 10 多年来的总体态势是:1980—1988 年投资总量持续下滑,1982 和 1984 年两次沉入谷底,其年投入量已退到 1966 年的水平。1989—1991 年,投资比例虽略有回升,但水平只与 70 年代相当。

表 3-4　国家对各级教育投入占国民收入比例(％)

年度	总计	中小学	大学	年度	总计	中小学	大学
1965	6.2	4.0	2.2	1980	6.8	4.1	2.6
1969	7.1	4.5	2.6	1981	6.5	4.0	2.6
1970	7.5	4.8	2.7	1982	6.7	4.1	2.6
1971	7.4	4.6	2.7	1983	6.7	4.1	2.6
1972	7.2	4.6	2.6	1984	6.6	4.0	2.6
1973	7.1	4.5	2.6	1985	6.7	4.0	2.7
1974	7.4	4.7	2.7	1986	6.8	4.1	2.7
1975	7.5	4.7	2.7	1987	6.9	4.1	2.8
1976	7.1	4.5	2.7	1988	7.1	4.3	2.8
1977	6.9	4.4	2.6	1989	7.2	4.5	2.8
1978	6.6	4.2	2.5	1980	7.3	4.5	2.8
1979	6.7	4.1	2.5	1991	7.5	4.6	2.9

资料来源:*Digest of Education Statistics*,1992,美国教育部编,第 34 页。

表 3-5 1965—1992 年联邦教育预算(单位:百万美元)

年度	各年投入的原始数	以 1992 年美元价值折算后数额
1965	5331.0	24 519.4
1970	12 526.3	46 489.3
1975	23 133.2	59 058.2
1980	34 317.1	58 694.7
1981	36 446.2	56 634.5
1982	34 304.7	49 790.5
1983	34 719.2	48 055.3
1984	36 104.5	48 061.7
1985	38 809.9	49 875.6
1986	39 745.0	49 592.4
1987	40 972.2	49 768.9
1988	43 216.0	50 665.4
1989	48 014.0	53 927.5
1990	51 393.6	55 329.1
1991	57 550.7	59 333.6
1992	61 384.7	61 384.7

资料来源:*Digest of Education Statistics*,1992,美国教育部编,第 361 页。

表 3-6 1982—1990 年被关闭的高校数(单位:所)

学年	总计	四年制大学	二年制大学
1982—1983	7	6	1
1983—1984	7	4	3
1984—1985	5	5	—
1985—1986	4	4	—
1986—1987	12	8	4
1987—1988	26	19	7

学年	总计	四年制大学	二年制大学
1988—1989	14	6	8
1989—1990	19	8	11
1990—1991	18	5	13
1991—1992	26	7	19

资料来源 *Digest of Education Statistics*,1992,美国教育部编,第 240 页。

表 3-7　美国 1992—1993 学年公立学校按功能和学区特征
的生均经费(1996 年不变价)(单位:美元)

学区特征	合计	教学	支持性服务	资本性支出	其他
家庭收入中值					
低于 20 000 美元	5 237	2 993	1 709	434	100
20 000—24 999 美元	5 487	3 147	1 723	473	143
25 000—29 999 美元	5 881	3 413	1 792	490	187
30 000—34 999 美元	5 794	3 260	1 831	551	152
35 000 美元以上	6 661	3 737	2 102	630	192
少数民族学龄儿童百分比					
低于 20%	5 972	3 384	1 828	580	180
20% 及以上	5 922	3 392	1 907	474	149

资料来源:*The Condition of Education*,U. S. Department of Education et al,*June* 1997.

　　从表面直观地看,美国政府公布的教育费预算年有增加,其实,不了解美国社会内情的人常为这些直观数字所蒙惑而产生片面的认识。事实是:美国是个通货膨胀率很高的国家。由于通货膨胀,每年在国家增加的那部分经费数额里,有时只能与当年的通货膨胀率相抵,有时甚至抵不上当年物价上涨指数。因此判断美国每年教育费投入到底是上升还是下降,需以当年财政年度美元的实际价值为标准去加以衡量和比较,扣除当年的物价上涨部分后才能确知其经费升降的准确方位。以

1980—1992 年 10 多年来的教育投入为例,从政府公布数字看,经费总额年年增加,但经财政年度美元价值的核算后,其实际水平从 1981 年到 1990 年,年年都是下降的。教育费投入实际水平下降的明显标志是每年都要有一批高校被迫关门。

进入 90 年代以后,国家每年投入的绝对数虽有增加,但由于美国的经济衰退处于最严重阶段.美国教育费也没有大幅度的调升,学生的学费依然持续上涨,到 1995 年后涨幅趋缓。尽管如此,一批高等学校及其某些学校的院系也不断遭受关闭的厄运,教学设备得不到更新,教师实际收入水平下降。经济衰退所带来的种种影响早已严重地摆在了人们的面前。

(二)高等教育费的来源

美国高等教育十分发达,规模巨大,各种类型的高等学校共 3 300 多所。从经费来源和领导关系划分,可分为公立和私立两大类。私立院校在领导体制上不受政府控制,其经费来源是学费和私人捐赠而不是政府拨款。公立院校在领导体制上则较多地受到政府的直接控制,其资助趋势来自州财政。

下表分别给出了 1991—1992 学年美国公立大学和学院的经费总量及其来源的构成比例,可以看出,美国高等院校的经费来源呈现多元化,主要有以下四个方面:三级政府(联邦政府、州政府和地方政府)的拨款(资助);从学生中收取学费;社会服务收入;企业、基金会、校友的捐赠。下面我们分别对四种渠道的经费来源作详细说明:

1. **联邦政府、州政府和地方政府的拨款(资助)**

政府拨款分为经常性经费的基本拨款和研究经费拨款。下面就两方面分别来谈。

(1)经常性经费的基本拨款

美国高等院校三级政府的财政拨款是高校教育费的主要来源,占高校教育费的 52.4%(1991—1992 学年),见下表。

表 3-8　美国大学和学院 1991-1992 学年的收入来源

(单位:千美元)

	公立院校		私立院校	
	金额	占总数的 百分比	金额	占总数的 百分比
学杂费	17 455 126	17.1%	24 103 911	40.7%
联邦政府				
拨款	1 662 229	1.6	245 173	0.4
(学生)补助金和合同金	8 887 465	8.7	5 377 569	9.1
资助科研与开发中心	232 613	0.2	3 428 267	5.8
州政府				
拨款	36 603 466	35.8	281 491	0.5
补助金和合同金	2 494 518	2.4	1 207 432	2.0
地方政府				
拨款	3 309 117	3.2	26 895	—
补助金和合同金	459 167	0.5	364 697	0.6
私人的赠予、补助金和合同金	4 039 212	4.0	4 938 060	8.3
捐赠收入	593 998	0.6	2 848 012	4.8
销售与服务				
教育活动	2 959 991	2.9	1 560 900	2.6
附属企业	9 678 255	9.5	6 105 090	10.3
医院	11 122 029	10.9	6 118 309	10.3
其他	2 700 434	2.6	2 617 217	1.4
经常资金收入总计	102 197 619	100%	59 223 94	100%

资料来源:美国教育部,引自《教育与经济》,1995 年第 2 期。

　　联邦政府对高等教育的投资的发展,经历了 20 世纪 50 年代后期到 60 年代的巨大增长,70 年代以后持续减少,尤其是进入 90 年代以来,联邦政府因财政赤字的增大，一方面削减教育开支，另一方面把资助许多教育项目的责任转嫁到州与社区政府。但联邦政府对军事院校（如西点、阿纳波利斯）以及两所大学——加劳德（聋人）大学和哥伦比亚特区大学的拨款却有增无减。

20世纪50年代后期到60年代联邦政府对高等教育投资增长巨大。1957—1967年增长率为370.2%，是同期所有高校经常性收入增长率最高的一项。联邦政府自1968年以后实际上已放弃了优先发展高等教育的方针。联邦政府除了对社区学院和医学等专业教育的资助有所增加外，其他方面的教育拨款都在持续减少。到20世纪80年代，里根政府主张坚决削减联邦政府的教育支出，减少联邦有关教育的规章条例，强调州和地方政府对教育的权限和责任，并从1981年财政年度开始，将联邦教育预算压缩了12%，1982年压缩了10%。联邦政府对于高等学校的资助主要是通过向学生提供贷款和津贴来实现的。

二战以来，美国联邦政府通过立法拨款和科研拨款来加强对高教的干预，甚至相当长的时期里成为推动高等教育事业发展的一种主要力量。但近年来，这种情况已经发生了重要变化。[①]克拉克·科尔1985年初在关于"州长在高等教育中的作用"的讨论会上指出："高等教育的联邦时代已经清楚地结束了。至少在以后的30年，高等教育新的动力和新的资金源泉将来自州而不是联邦。这种转变不仅是因为里根政府的教育政策，还因为联邦预算的巨额赤字，国家债务和研制新的武器系统的结果。"

事实上，自20世纪50年代后期以来，州政府一直是高等教育事业财政经费最主要的提供者。在高等教育的经常费收入中，来自州政府的份额一直是最大的。州政府指数占政府拨款的75%。

州立学院与州立大学的资金来源主要是州财政拨款，公立研究大学

---

① The Chronicle of Higher Education，1987.11.4.

的基本资助也来自本州的财政拨款。

社区性学院是公立大学中唯一能够从当地财政获得大量资助的一类院校。

表3－9　美国高等学校经费收入来源
（1947—1948 学年到 1983—1984 学年）

（单位：百万美元）

	1947—1948		1957—1958		1967—1968		1980—1981		1983—1984	
	金额	%	金额	%	金额	%	金额	%	金额	%
总收入	2 027	100.0	4 641	100.0	16 825	100.00	65 885	100.00	84 417	100.00
学杂费	305	15.0	934	20.1	3 380	20.1	13 773	21.0	19 714	23.4
联邦政府	526	25.9	707	15.2	3 348	19.9	8 479	12.9	10 406	12.3
州政府	352	17.4	1 134	24.5	4 181	24.8	20 106	30.7	24 706	29.3
地方政府	48	2.4	129	2.8	504	3.0	1 790	2.7	2 192	2.6
民间捐赠、合同	91	4.5	324	7.0	848	5.0	3 176	4.8	4 415	5.2
捐赠基金	87	4.3	182	3.9	364	3.2	1 364	2.1	1 874	2.2
各项辅助事业	465	22.9	839	18.1	2 482	14.8	7 288	11.1	9 456	11.2
其他收入（包括学生资助款）	24	1.2	70	1.5	498	3.0	8 173	2 640	2 640	3.1

注：不包括基建费收入。

资料来源：*Higher Education in American Society*（*Revised Edition*），*Edited by P.G. Altbach and R.O. Berclah*，1987，P.120.

（2）研究经费拨款

为使美国达到科技独霸世界的地位，美国大量拨款资助科研。美国政府的研究经费拨款占大学经费的 15％—20％，这一比例较高。联邦科研和开发经费从 1940 年的 7 400 万美元上升到 1960 年的近 80 亿美元，1965 年又进一步上升到 150 亿美元。1965 年，仅全美高校科研经费就达到了 24 亿美元，是 1940 年的 89 倍。联邦科研开发经费的 10％用于高等学校，这笔费用占联邦基础科研经费的 50％。

表 3-10　美国研究和开发支出统计表(以 1982 年不变美元计)

(单位:10 亿美元)

年度	总计	占国民生产总值的百分比
1955	22.8	1.5
1965	59.4	2.8
1975	59.9	2.2
1980	73.2	2.3
1981	76.6	2.4
1982	80.0	2.5
1983	85.7	2.6
1984	93.8	2.7
1985	102.4	2.8
1986	105.2	2.8
1987	108.3	2.8
1988	111.4	2.8
1989	112.1	2.7

资料来源:*U. S. Department of Commerce, Bureau of the Census, Statistical Abstract of the U. S.*,1991.

美国联邦政府自 20 世纪 80 年代开始大幅度增长科研和开发经费(见上表),1981 年至 1984 年增长了 14.3%,1986 年全国科研和开发经费创 20 世纪 60 年代以来的最高水平,达 1 220 亿美元。1987 年联邦科研和开发经费又比 1986 年增长了 16%,占联邦预算总额的 6.3%,但是,白宫科学专门小组认为,大学基础研究经费仅占联邦民用科研和开发资金总额的 20% 是远远不够的,联邦给高等学校基础科研的投资最低限度必须和国家的科研和开发经费的增长保持同步,并且要保证大学基础科研经费的连续而稳定的增长。据统计,1984 年 100 所研究型大学所获联邦科研经费占当年联邦高校科研经费的 84%;20 所主要研究型大学所获联邦科研经费占联邦高校科研经费总额的 55%,它们得到了国防部学校科研经费的 76%,国家科学基金会科研拨款的 42%。由于主要研究型大学云集着最优秀的学者,因此,很自然大部分联邦科研经费为他们所申请获得(见下表)。

表 3-11 美国 1992 年财政年度研究开发所用经费总额最多的高等学校

(单位:美元)

约翰·霍普金斯大学*	735 542 000
密歇根大学	393 059 000
斯坦福大学	367 980000
威斯康星大学,麦迪森	352 706 000
麻省理工学院	324 453 000
明尼苏达大学	317 026 000
华盛顿大学(密苏里州)	313 514 000
得克萨斯 A&M 大学	305 390 000
康乃尔大学	299 342 000
加州大学,旧金山	295 784 000
加州大学伯克利分校	284 545 000
加州大学,圣迪戈	282 114000
宾夕法尼亚州立大学	278 305 000
加州大学,洛杉矶	270 954 000
哈佛大学	253 126 000
伊利诺伊大学,厄巴纳·康帕思	251 970 000
得克萨斯大学,奥斯汀	228 545 000
宾夕法尼亚大学	222 424 000
亚利桑那大学	221 999 000
马里兰大学(大学园区)	219 041 000
耶鲁大学	211 569 000
加州大学,戴维斯	209 282 000
俄亥俄州立大学	203 291 000

哥伦比亚大学	199 516 000
南加州大学	194 740 000
杜克大学	188 678 000
佐治亚理工学院	180 263 000
科罗拉多大学	176 266 000
华盛顿大学(华盛顿州)	170 339 000
贝勒医学院	167 998 000
佐治亚大学	165 279 000
罗特格斯大学	162 089 000
北卡罗来纳大学,恰帕希尔	161 549 000
匹兹堡大学	157 250 000
路易斯安那州立大学系统	151 844 000
北卡罗来纳州立大学	143 008 000
密歇根州立大学	142 308 000
西北大学	141 975 000
普度大学	140 260 000
佛罗里达大学	140 189 000
罗彻斯特大学	139 992 000
衣阿华大学	135 418 000
衣阿华州立大学	132 580 000
田纳西大学系统	131 240 000
弗吉尼亚多科技术学院及州立大学	130 994 000

注:这些数字包括来自联邦政府和州政府、工业界、学校自身和其他来源的经费总数。所列经费只含理工方面的,不包括诸如艺术、教育、人文及法学等学科方面的开支。

＊包括应用物理实验室,该实验室有 4.63 亿美元的科研和发展基金。

资料来源:美国国家科学基金会,引自《教育与经济》,1995 年,第 2 期。

2. 从学生中收取学杂费

学费的收入也是美国高等教育费的重要来源,占 23%。学生还需要交纳一些杂费(见下表),如使用实验室费、教学材料费等。此外,学生住宿、用餐、停车、参加文娱活动、享受医疗服务以及学生的孩子日托也都须交费。实际上学生所交的学杂费并不能抵消学生的全部开支,不足部分由学校补贴,况且学生的学费相当一部分用作学生贷款和奖学金,因而学生实际负担要低得多。

表 3-12 1993—1994 学年美国大学生的平均费用

(单位:美元)

	公立院校		私立院校	
	住校生	走读生	住校生	走读生
四年制学院				
学杂费	2 527	2 527	11 025	11 025
书籍和生活用品	552	552	556	556
住宿和伙食	3 680	1 601	4 793	1 722
交通	557	570	498	824
其他	1 246	1 259	974	1 073
总计	8 562	6 809	17 846	15 200
两年制学院				
学杂费	1 229	1 229	6 175	6 175
书籍和生活用品	533	533	566	566
住宿和伙食*	—	1 643	3 980	1 589
交通	—	923	487	890
其他	—	1 044	934	970
总计	—	5 372	12 142	10 190

*住宿费不包括走读生。

资料来源:美国高等学校管理委员会,引自《教育与经济》,1995 年第 2 期。

对大学生收取学杂费有三个目的,一是增加高教费来源,二是由于学生直接付费,学校可能会更好地对学生的要求作出反应,三是学生付费可以促使他们更快地完成学业。

在美国,一般说来,受教的程度越高,工作条件也越好,报酬也越高。美国中小学是义务教育,公立学校完全不收费(学校的全部费用是地方政府通过税收来保证)。而高等教育不是义务教育,受教育者或其家庭必须支付相当数量的学费,进行自我智力投资。学费数量因地而异,且相差悬殊(见下表)。一般说来,私立高等院校高于公立;著名院校高于一般院校;四年制院校高于二年制院校;经济发达地区的院校高于经济不发达地区院校;全日制普通高等教育高于半日制的成人高等教育;公立院校的外州学生高于本州学生;热门专业的学费高于一般专业等。一个学生全年的学费一般从数千美元到几万美元不等。

表 3-13　美国四年制高等学校 1993—1994 学年学费梯级

	院校数	相应的交费学生数占在校生总数的比例(%)
私立院校		
19 000 美元或更多	7	1.0
18 000—18 999	31	4.3
17 000—17 999	29	6.4
16 000—16 999	28	3.5
15 000—15 999	32	3.5
14 000—14 999	23	2.7
13 000—13 999	59	5.5
12 000—12 999	70	7.6
11 000—11 999	90	7.9
10 000—10 999	106	12.2

	院校数	相应的交费学生数 占在校生总数的 比例(%)
9 000—9 999	118	8.8
8 000—8 999	112	8.0
7 000—7 999	96	7.5
6 000—6 999	81	5.6
5 000—5 999	65	3.6
4 000—4 999	76	2.8
3 000—3 999	48	2.7
2 000—2 999	28	5.2
1 000—1 999	5	0.1
少于 1 000	8	1.1
学校总计数	1 112	100.0
公立院校		
5 000 美元或更多	8	1.6
4 500—4 999	11	1.9
4 000—4 499	20	1.9
3 500—3 999	38	7.6
3 000—3 499	49	11.3
2 500—2 999	93	18.1
2 000—2 499	88	16.0
1 500—1 999	155	30.1
1 000—1 499	52	9.2
少于 1 000	12	1.3
学校数总计	526	100.0

注:只包括那些到 1993 年 8 月 23 日为止提供了确切的或估计的学费数额的院校。

资料来源:美国高等学校管理委员会,引自《教育与经济》,1995 年第 2 期。

3. 社会服务收入

美国大学与社会经济发展有着密切的联系,它对社会经济的发展起着巨大的推进作用。这是美国高等教育很重要的一个特点。正因为如此,它必定得到一定的报酬,这种报酬也当然作为美国大学经费来源的一个方面了。美国高校"销售与服务收入"(不包括横向科研经费)明显高于其他西方国家。1970年它占学校总收入的17%,1990年已超过21%,且公立学校与私立学校这一比例非常接近。但美国的这一收入数包括学校体育活动收入、学生食宿收入以及校内书店等辅设企业的收入。如哥伦比亚大学不仅是一所世界著名大学——培养出无数世界第一流学者,而且还是一个企业——如经营股票业务、投资企业(公司)、平时买卖地产出租房屋等,每年所得收入就作为学校经费来源的一个组成部分。

4. 企业、基金会、校友等的捐赠

企业、基金会、校友的捐赠也是美国大学经费来源的一个组成部分。1991—1992年捐赠收入占其公立学校总经费的0.6%。联邦和州政府为了鼓励企业、慈善机构和个人资助高等教育,以补政府经费之不足,制定了专门税收法律。法律规定,凡是向非营利机构(其中主要是高等教育)捐赠基金、款项、设备和不动产等的机构和个人都可享受一定比例的所得税优惠,同时给捐赠人以相应的荣誉。如凡是对建设一所学校作出重大捐赠者,则可用捐献者的名字命名学校,著名康乃尔大学、斯坦福大学等都是以主要捐赠者的名字命名。还有的根据捐赠者贡献大小,或者为其在校内塑像(如康乃尔、哈佛等塑像),或者要为其立碑或挂牌。有的大学里的奖学金以捐赠者名字命名,使受奖学生永远铭记捐赠人的恩惠。这样就大大地促使了非政府机构和个人资助高等教育的热情。据统计,1952年,270所院校的585 026名校友向他们的母校捐赠了1 500万美元,1970年1 400所院校的200万名校友捐赠了3.5亿美元,每人的捐款较之1952年均增长了1.8倍。1967—1970年,慈善机构向高等学

校的捐款总额是 1939—1940 年的 13.4 倍。他们的捐赠以及高等学校从捐赠基金中获得的收入（也享受税收优惠）不断增长,构成了高校收入的一个重要来源(见下表)。

表 3－14 美国接受捐赠款最多的高等学校(单位:千美元)

译者按:美国有关机构统计,到 1993 年 6 月 30 日止,在美国的高等学校中,获得捐赠的基金总额超过 4 400 万美元的大学和学院共有 269 所,其中:受赠款在 4 400 万到 1 亿美元的 116 所,1 亿至 5 亿美元的 123 所,5 亿至 10 亿美元的 14 所,10 亿美元以上的 16 所。美国《高等教育纪事》1994 年 9 月 1 日的年鉴上登载了这 269 所学校的名单。受赠款总额在 10 亿美元以上的 16 所学校如下表所示。

哈佛大学	5 778 257
得克萨斯大学系统	4 007 472
普林斯顿大学	3 286 327
耶鲁大学	3 219 400
斯坦福大学	2 853 366
得克萨斯 A&M 大学系统和基金会	1 848 525
哥伦比亚大学	1846 600
加利福尼亚大学系统	1 834 955
埃默里大学	1 763 518
麻省理工学院	1 752 943
华盛顿大学(W. U)	1 687 413
西北大学	1 308 363
赖斯大学	1 302 576
芝加哥大学	1 224 036
康乃尔大学	1 214 600
宾夕法尼亚大学	1 095 769

注:本表只包括参加美国高等学校高级商务职员协会进行比较研究的院校。

资料来源:引自《教育与经济》,1995 年第 2 期。

(三)高等教育费的支出

美国高等教育事业费的支出可分为人员经费支出和公用经费支出。

1. 人员经费支出

教育事业的进行总是需要投入一定的人力,其中最主要的是教师教学辅导人员、领导和管理人员,以及为教育服务的工作人员等。为此需要支付给他们一定数量的劳动报酬以及福利费用和学生的助学金或奖学金,这些构成了教育事业费中的人员经费。从下表看,其中教学与科研经费所占比重最高分别为33.2%和10.1%。州和地方提供的经费主要开支在工资及其他经常费方面,这部分开支要占学校总开支的八九成,所以说,州和地方政府起着维持教育的作用。联邦和私人团体所出的钱虽然不及州和地方政府多,但它们主要为基建和科研提供经费,每一笔钱都有明确的目的、固定的用途。这样,这类经费反而能够决定某些科研和教学方案的设置与否,能部分地左右学科方向和科研方向,因而也就在一定程度上影响着全部教育的性质和内容。见下表:

表 3 - 15　美国大学和学院:1991—1992 学年的支出

(单位:千美元)

	公立院校		私立院校	
	金额	占总数的百分比(%)	金额	占总数的百分比(%)
教学	32 812 130	33.2	15 185 065	26.5
科研	9 948 580	10.1	4 312 973	7.5
社会服务	4 285 501	4.3	1 203 797	2.1
学术资助	7 271 911	7.4	3 305 107	5.8
学生服务	4 689 709	4.7	2 819 369	4.9
学校日常管理	8 420 319	8.5	6 054 705	10.6
设备运行和维修	6 787 738	6.9	3 558 842	6.2

	公立院校		私立院校	
	金额	占总数的百分比(%)	金额	占总数的百分比(%)
资助金和研究人员基金	3 255 128	3.3	5 804 872	10.1
义务性质的划拨	1 057 748	1.1	793 615	1.4
附属企业	9 653 364	9.8	5 335 781	9.3
医院	10 432 773	10.6	5 671 540	9.9
联邦资助的各研究与开发中心	225 742	0.2	3 325 850	5.8
经常资金支出总计	98 840 633	100.0	57 371 503	100.0

资料来源:引自《教育与经济》,1995 年第 2 期。

表 3-16 美国高等教育费支出最新统计

平均学费(美元):	(1991—1992 学年)	
公立四年制学院和大学		2 352
公立两年制学院		1 018
公立四年制学院和大学		10 393
经费开支(美元):	(1991—1992 学年)	
公立院校		98 840 633 000
私立院校		57 371 503 000
用于高等教育事业开支的州基金	(1993—1994 学年)	4077 556 000
两年变化 增加 2%		
州用于资助学生的开支(美元):	(1993—1994 学年)	
济困性开支(根据学生经济状况支出的助学金)		2 222 989 000
非济困性开支(用于奖励优秀学生和缩小公立学校和私立学校之间的学费差别等)		255 853 000
其他(用于学生工读计划和贷款计划等)		423 297 000
有博士授予权大学研究和发展总开支(美元):(1992 年度)		18 504 707 000

经济来源：	
联邦政府	58.8%
州和地方政府	7.9%
工业界	6.8%
大学自身	19.0%
其他	7.5%
联邦用于学院和大学研究和发展的总开支(美元)：(1992 年度)	10 863 940 000
被选定项目的经费来源(美元)：	
卫生与公共事业部	5 785 765 000
国家科学基金会	1 604 094 000
国防部	1 314 431 000
农业部	464 577 000
能源部	642 160 000
经费数(百万美元)：(1993—1994 学年)	
所有高校　　198 600	
占 CDP 的百分比　　3.1%	

资料来源：引自《教育与经济》,1995 年第 2 期。

2. 公用经费支出

教育事业进行过程中,总是要消耗一定的公务费(如办公费、邮电费、水电费、会议费)、设备购置费(如购置仪器、设备、图书资料、家具等固定资产费用)、业务费(如科研机构、科研和教学实验费)、修缮费(如公用房屋、建筑物的修缮费用等)。这些公务费、设备购置费、业务费、修缮费构成了教育经费中的公用经费。

3. 增加教师工资

前面讲到美国高教费支出的 33.2% 用于教师工资,也是州和地方提供经费主要开支方面。因此,我们有必要关注一下教师工资的情况。

美国高等学校教师分为教授、副教授、助理教授和讲师四级。一所大学如果拥有最优秀的教师,就可以获得更多的联邦科研拨款,从基金会和企业那里吸引更多的捐款,建设和购置更先进的设施和设备,吸引更多的优秀学生。因此各大学都争相提高待遇以吸引优秀教师。20世纪80年代末已显现出了教师短缺现象,90年代教师短缺更加严重。为增加高校的竞争能力,提高教学质量,美国也不断地提高教师工资,为优秀学者提供优厚待遇和良好的教学和科研条件,以吸引他们到大学工作。据统计,1959年高等学校教师总数为28.2万人,而到1975年则发展到78.1万人。

美国大学教师收入在社会上属于中等收入,且不同级别、不同类型学校教师的收入也不一样(如下表)。有博士授予权大学的教授最高,两年制学院则最低,私立也高于公立。他们一般一年中只能拿到9个月的薪金(夏季3个月的假期是不发的),要补偿这些收入自己必须动一下脑筋,如教暑期班、接一些科研项目或在外干些杂活。另外大学还允许教师与企业合作,由公司提供科研资助,一方面增加了教师收入,另一方面又服务社会。

表3-17　1993—1994年美国高校全日制教师的平均年薪

(单位:美元)

博士授予大学	全部院校		公立		私立		教会学院	
	年薪	一年增长	年薪	一年增长	年薪	一年增长	年薪	一年增长
教授	68 700	3.0%	64 860	2.8%	82 520	3.5%	72 000	4.1%
副教授	48 630	3.0	47 170	3.1	54 880	2.8	51 990	3.4
助教授	41 130	2.8	39 860	2.8	46 230	2.8	43 440	3.2
教员	29 230	3.2	28 170	3.5	34 210	1.5	34 490	1.7
讲师	33 510	—	33 160	—	33 350		31 060	—
全体	54 000	3.0	51 460	2.9	64 600	3.2	55 670	3.6
综合大学								
教授	56 450	2.9%	55 690	2.6%	59 610	3.9%	58 200	3.6%

博士授予大学	全部院校		公立		私立		教会学院	
	年薪	一年增长	年薪	一年增长	年薪	一年增长	年薪	一年增长
副教授	45 070	3.1	44 660	3.0	46 150	3.2	46 090	3.2
助教授	37 420	3.2	3 722	3.2	37 790	3.3	38 160	3.0
教员	28 760	2.9	28 440	2.9	29 920	3.2	30 160	3.3
讲师	28 530	—	28 150	—	29 860	—	34 350	—
全体	45 410	3.0	45 000	2.9	47 100	3.5	46 130	3.3
学士大学								
教授	50 080	3.2%	49 720	2.7%	56 780	3.2%	45 000	3.6%
副教授	39 960	3.1	41 010	2.9	43 110	3.1	37 060	3.2
助教授	33 450	3.3	34 320	2.5	35 690	3.4	31 490	3.6
教员	27 260	3.3	27 950	3.5	28 210	4.1	36 340	2.9
讲师	30 360	—	28 270	—	37 490	—	26 260	—
全体	39 730	3.2	39 980	2.8	44 080	3.3	36 450	3.5
有学术职称的两年制学院								
教授	48 670	3.5%	49 120	3.6%	38 190	—	32 240	2.7%
副教授	40 550	3.1	41 030	3.2	33 170	2.6	28 860	2.0
助教授	34 670	2.2	35 090	2.2	29 540	1.4	25 420	3.8
教员	29 630	3.4	29 960	3.5	24 910	2.2	21 620	1.3
讲师	25 890	—	22 090	—	19 600	—	27 500	—
全体	39 240	3.1	39 730	3.1	31 240	1.5	27 100	2.5
无学术职称的两年制学院								
全体	39 990	2.6%	40 110	2.6%	27 860	1.0%	25 680	3.0%
全部院校(无学术职称除外)								
教授	61 270	3.0%	59 770	2.8%	71 220	3.5%	54 050	3.7%
副教授	45 470	3.1	45 330	3.1	48 500	3.0	42 440	3.2
助教授	37 870	3.0	37 960	2.9	40 110	3.1	35 010	3.4

博士授予大学	全部院校		公立		私立		教会学院	
	年薪	一年增长	年薪	一年增长	年薪	一年增长	年薪	一年增长
教员	28 780	3.2	28 770	3.3	30 170	2.9	27 680	2.8
讲师	31 450	—	30 830	—	34 850	—	30 360	—
全体	47 780	3.0	47 280	2.9	53 780	3.3	42 370	3.4

注：年薪是按一年工作 9 个月的标准计算的。年薪值是在调查了 2 278 所院校后计算出的，年薪增长百分比是在调查了 1 898 所院校后得出的。

资料来源：美国大学教授协会，引自《教育与经济》，1995 年第 2 期。

美国高等教育中的学生资助分为五个类型：贷款、助学金、奖学金、勤工俭学及学费减免，其中贷款和助学金是最主要的两项资助。就单项资助额而论，"联邦家庭教育贷款"最大，1992—1993 年度该项目提供的款项为 150 亿美元，占当年学生资助总额的 43％。

美国高等教育学生资助由三级构成：联邦级、州级和院校级，其中联邦级学生资助占绝大部分。1992—1993 学年，联邦政府提供的资助占当年学生资助总额的 74％，而州级和院校级资助分别只占 6％和 20％。

联邦级资助主要由联邦教育部提供，其他部门如国防部、劳工部也提供一部分专项资助。联邦级资助以助学金和贷款为主，可分为一般资助和特殊资助两种。一般资助包括帕尔助学金、联邦教育机会补充助学金、学生激励助学金，家庭教育贷款、联邦直接贷款、帕金斯贷款，以及勤工俭学。特殊资助包括退伍军人资助、在役军人资助及其他助贷学金。

州级学生资助主要包括助学金、奖学金，有些州还有学生贷款。州级学生资助有四个特点：一为主要资助本州居民；二为增加本州居民的就学机会，此类资助对公私立院校学生一视同仁，有些还给予私立院校学生更多的资助额；三为鼓励本州一些重点专业和领域的发展，如肯塔基州设有两项教师奖学金，鼓励学习成绩优异的学生选择教师职业，并帮助现任教师接受再培训以成为短缺关键学科的教师；四为帮助对社会有所贡献的人员的子女,如俄亥俄州设有战争遗孤奖学金,为在战争中阵亡或伤残的军人子女接受高等教育提供资助;80年代初又设立了学费减免制度,为因公殉职的消防队员及维护和平官员的子女减免学费。州级学生资助的数额尽管不很大,但由于针对本州特点,所以仍然对发展本州的高等教育起到了很好的作用。

院校级的学生资助以奖学金、助学金为主,有些学校也设有6个月以内的短期贷款。院校级学生资助的发放主要依据学生的成绩、对院校的贡献(如以文体特长为学校争得的荣誉)以及经济需要。由于这一级资助的来源是各个院校的收入,所以院校之间的差别很大。

表 3-18　美国 1992—1993 学年大学资助情况

总开支,按来源分			
联邦计划			
一般可得到的资助(美元)			
佩尔(Pell)补助金	6 162 000 000	追加教育机会补助金	630 000 000
州立院校学生奖励性补助金	70 000 000	大学工读基金	760 000 000
帕金斯(Perkins)贷金	897 000 000	应争贷金(来自联邦收入)	5 000 000
斯塔福学生贷金	11 364 000 000	追加的学生贷金	2 299 000 000
大学生家长贷金	1 335 000 000	合计	23 522 000 000
特殊定向资助			
退伍军人	971 000 000	军人	384 000 000
其他补助金	160 000 000	医疗专业贷款计划	418 000 000
合计	1 934 000 000		
联邦资助总计	25 456 000 000	州补助金计划	2 126 000 000
联邦学校补助金及其他补助金	6 971 000 000	联邦、州和学校资助的总金额	34 554 000 000

资料来源:引自《教育与经济》,1995年第2期。

表 3-19 获得资助的人数和获得者人均受资助金额
(选择部分项目统计)

项目	获得资助人数(人)	人均金额(美元)	项目	获得资助人数(人)	人均金额(美元)
佩尔补助金	4 177 000	1 457	学生奖励补助金		
大学工读	714 000	1 064	追加教育机会补助金	994 000	634
斯塔福学生贷金	4 071 000	2 792	帕金斯贷金	675 000	1 329
州补助金和州立院校	1 739 000	1263	大学生家长贷金	403 000	3 311

注:①这些数字是估计数,包括对大学生和研究生的资助。

②某些联邦计划项目包括少量并非来自联邦政府经费。例如,表中所列学校工读基金大部分由联邦政府承担,但也包含学校提供的少量经费。

③州立院校学生的奖励性补助金,由联邦政府提供的列入联邦计划,由州提供的列入州补助金计划。

④表中所列的斯塔福学生贷金、追加的学生贷金和大学生家长贷金大多数来自来私人财源,联邦政府给以贴息并偿还拖欠。

⑤退伍军人补助金用于资助接受高等教育和培训的退伍军人及其赡养的人员。

(其余注释从略——译者)

资料来源:引自《教育与经济》,1995 年第 2 期。

奖学金方面情况如下:

美国全国有一个奖学金委员会,一年提供的奖学金是 4 亿美元。

州设立的奖学金有:①管理委员会奖学金。每年 1 250 美元,领取 4 年,由师生联席会评定。②校长荣誉奖学金。金额每学期 500 美元。③新生荣誉奖学金。金额每学期 250 美元,发两个学期。

研究生助手奖学金方面情况如下:

优秀研究生做助教、助研或其他秘书工作可获此奖学金,津贴每学期 2 575 美元。

此外,各学院还设置有名目繁多的奖学金,但数额较小。

自从 1964 年实施学生贷款计划以来,联邦政府已帮助数百万来自中等或低收入家庭的学生接受了高等教育或到比他们能支付起学费的高校更好的高校读书。它使更多的美国人接受了高等教育,然而政府投入的生均成本较低。20 世纪 70 年代,联邦政府决定提供补助贷款,以便让更多的低收入的学生到除传统的高校之外的私立职业技术学院接受高等教育。80 年代期间,大约 17％的借款学生无力支付贷款,使政府每年的财政损失达 300 万美元。拖欠贷款问题的产生是由于政府为所有学生的贷款提供担保而没有审查接受资助的学生资格以及他们计划就读的学校的质量所致。联邦政府的学生贷款计划的经验表明,计划的风险越大,获得利益的可能性越大,计划的覆盖面越大,风险也越大。

第二节　英国高等教育财政

英国的高等教育长时间里实行双重制,一边是大学,另一边是公立高等学校。大学是独立的、自治机构,享有合法的自治权;公立高等学校由多科技术学院、继续教育学院和教育学院组成,其中以多科技术学院和教育学院为主体,由中央政府制定总政策,日常管理主要由地方负责。20 世纪 70 年代初,英国还成立了开放大学,其经费来源于中央政府和学费。英国不同类型的高等学校之间,其经费来源和拨款体制不同,高等教育经费在教育总经费中所占比例:1960 年 14.1％,1965 年 20.6％,1970 年 24.8％,1975 年 21.1％,1980 年 22.4％,1984 年 21.4％。[①]

(一)高等教育经费来源

1. 大学

1919 年以前,英国大学经费来源渠道分散,有历史上形成的基金会、个人及慈善团体的捐赠、遗产赠予、房地产收入、地方当局拨款、学费和中央政府拨款等。中央政府拨款始于 1889 年,当时主要面向

---

① 转引自王善迈:《教育投资与财务改革》,北京经济学院出版社,1988 年,第 81—82 页。

新办的地方大学。1906 年成立了拨款顾问委员会专门负责国家给大学、学院拨款。1919 年,在顾问委员会的基础上,成立了大学拨款委员会,确立了国家拨款的财政机制。大学拨款委员会成立之后,就大学的年度经费预算制定了一系列的表格,统称为表三,[①]并要求各大学以表所立项目为标准,说明自己的收入与开支,每年返回给大学拨款委员会,委员会依此向大学拨款,"表三成了各大学间财政上相互比较的唯一的合适的资料"。[②]

按照表三,英国大学的财源包括:一般收入和具体收入。一般收入通常由大学拨款委员会的拨款、学费、捐赠、地方当局的补助和其他收入构成,这是英国大学比较稳定的财源;具体收入由其他拨款,主要是各研究委员会的拨款、研究和合同金及其他服务收入构成。这项收入以前所占比例较小,20 世纪 80 年代之后,英国政府鼓励大学寻求政府之外的其他财源,才有了较快的增长。但在不同的阶段,这些财源并不完全一致,详见表二、表三。

表二 英国大学的经费来源

来源 \ 年份 千镑%	1920—1921		1930—1931		1938—1939		1952—1953		1962—1963		1972—1973	
	千镑	%	千镑	%	千镑	%	千镑	%	千镑	%	千镑	%
捐献	419	13.6	923.5	15.8	1 208	18	1 795.5	6	2 594.5	3	543.1	1.3
地方当局学杂费	231	9.3	566	9.7	606	9	106	3.6	1 636.5	1.9	1217	0.3
学费	973	32.2	1 379	23.7								
考试费等	204	6.8	446	7.6								
总计	1 177	39	1 825	31.3	1 999	29.8	3 765	12.7	8 575.5	9.9	22 396.5	5.4

---

① 有关表三的详细情况,请看:Michael Shattock,Gwynneth Rigby,Resource Alloction in British Universities,Direct Design Ltd. Printers,1983,P. 49,Annexe:UGC Form 3.

② 有关表三的详细情况,请看:Michael Shattock,Gwynneth Rigby,Resource Alloction in British Universities,Direct Design Ltd. Printers,1983,P. 49,Annexe:UGC Form 3.

年份 千镑 % 来源	1920－1921		1930－1931		1938－1939		1952－1953		1962－1963		1972－1973	
	千镑	%	千镑	%	千镑	%	千镑	%	千镑	%	千镑	%
议会拨款 财政部拨款	871	28.8	1 840	31.6	2 078	31	19 970	67.2	60 600	70.1		
其他拨款	143	4.8	274	4.7	322.5	4.8	712.5	2.4	655	0.8		
总计	1 014	33.6	2114	36.3	2 400.5	35.8	20 682.5	69.6	61 255	70.9	315 744	76.4
其他收入	129.5	4.3	403	6.9	498.5	7.4	2 389.5	8	12 314	14.3	68 499.5	16.6

资料来源：*T. A. Owen：Financing University Education in Britain，Western European Education，Fall，1985. Vol. 3，P. 47.*

表三　　1979—1980 年英国大学经费来源①

	收入来源	£	占总收入（%）	占一般收入（%）
一般收入	1. 大学拨款委员会拨款	822 301	63.3	76.5
	2. 学费			
	a. 本国学生	170 718	13.2	15.9
	b. 国外及英联邦	35 434	2.7	3.3
	3. 捐赠	12 060	0.9	1.1
	4. 地方当局补助	268	0.02	
	5. 其他收入	34 592	2.7	3.2
	合计	1 075 373	82.8	100.0
具体收入	6. 计算机委员会补助金	13 018	1.0	
	7. 科研与合同金	174 257	13.4	
	8. 其他服务收入	35 932	2.8	
	合计	223 207	17.2	
总计		1 298 580	100.0	

资料来源：*Source UGC Form 3 1919－1980.*

---

① Michael Shattock Gwynneth Rigby，Resource Allocation in British Universities，Direct Design Ltd. Printers，1983，P. 49，Annexe：UGC Form 3.

从表中可以看出,大学拨款委员会的拨款在大学的总收入中,1920—1921 年为 28.8%,约占 1/3,第二次世界大战结束后上升到一半以上,至 20 世纪六七十年代,这一比例进一步上升,约占总收入的 3/4 左右,80 年代开始下降。就整个英国大学而言,如以表三为例,在 1979—1980 年间,一般收入约占大学总收入的 83%,在一般收入中,份额最大的是大学拨款委员会的拨款,占 76.5%。另一个重要的财源是学费,近些年来,学费对大学的作用日渐重要,在大学总收入中,所占比例也由 1973—1974 年度的 5% 上升到 1979—1980 年度的 16%。在其余的一般收入中,最重要的是"其他收入",这包括房租、餐饮和投资等所获利益。随着政府对大学经费的削减,这项收入被大学看作是平衡收支的重要手段,而且这项收入和捐赠款项对大学来说还有着不同寻常的意义,它们不仅是大学在外部世界声誉的象征,在使用上,它们还不像指定用途拨款那样受到限制,从而在一定范围内具有灵活性和独立性。但捐赠款项在大学总收入中所占比例这些年在逐渐降低,从 1920—1921 年占 13.6%,到 1979—1980 年占 0.9%。另外,在 1970 年以前,地方当局的拨款一直是大学一项经常而又稳定的收入,但近年来,由于政策的变化,它在大学收入中所占的比例实际在下降。

1981 年,英国政府半个世纪以来第一次宣布在 1982—1985 年期间对高等教育的资金削减 8.5%,这项措施及其他有关措施从根本上把英国大学及主要高校推进到了一个实行"自筹资金"的境地,英国大学经费的来源明显地偏离了传统的形式,使大学变得更具有企业性,各大学都注重通过签订更多的研究合同增加学费,增设短期课程、非学位课程,开展继续教育及咨询服务等增加收入,从 1982—1992 年,大学的各项收入[①]:①政府拨款,1982—1983 年占 64%,1987—1988 年占 55%,1991—1992 年占 36%;②研究与合同金,1982—1983 年,占 14%,1987—1988

---

① 《中英高等教育学术讨论会论文集》,杭州大学出版社,1993 年,第 75 页。

年占 19%,1991—1992 年占 22%;③学费,1982—1983 年,国内学生学费占 8%,国外占 4%,1987—1988 年,国内学生学费占 7%,国外占 6%,1991—1992 年,国内学生学费占 20%,国外占 8%;④其他收入,1982—1983 年占 10%,1987—1988 年占 13%,1991—1992 年占 14%。这些数据表明,在大学的收入中,以往占绝对优势的政府拨款,其优势地位正在逐渐降低,研究和合同金、学费和其他服务收入等在大学收入中所占的比重将越来越大。这一变化将成为今后英国大学经费来源的特征。

2. 公立院校

与大学相比,英国的公立院校是一种完全不同的教育财政体系。50年代以前,公立院校主要为本地区服务,因此经费来自各地方当局。1951 年,大量的学生开始选择本地区以外的学院就学,额外地增加了一些学院的经济负担,为消除这种不平衡的经济状态,1958 年,英国成立了"高级继续教育公积金",要求各地方当局根据所在地区潜在的生源和该地区对学院培养的毕业生和其他合格人员的潜在需求,确定各地方当局应存入公积金的资金,然后,根据修习为教育科学大臣认可的学程的人数,各地方当局从公积金中提取经费。1965 年以后,英国高等教育在罗宾斯报告的推动下,确立了双重制,许多公立院校,特别是多科技术学院,很快成了全国性的院校,学生也大部分来自资助学校的地方当局以外,这使高级继续教育公积金成为多科技术学院的主要财源。1982 年,在多科技术学院各项收入中,公积金占总收入的 70.6%,学费占 16.8%.经商所得占 2.9%,地方当局的资助仅占 9.7%。1986 年,公积金占 72.4%,学费占 16.2%,经商所得占 5.7%,地方当局的资助下降为 5.7%。

英国公立院校中的教育学院,其经费来源于政府设置的教育科学部,如果没有像大学拨款委员会这样的中介机构,其资助的方式与大学基本上一样。地方当局主管的教育学院,由师资培训公积金资助。此外,大学和公立院校之间,所获得的科研经费存在差距,公立院校一般所得的科研资助极少。

(二)高等教育的拨款体制

1. 大学的拨款体制

如同经费的来源一样,英国大学与公立院校的拨款体制也存在着差异。政府对大学的拨款主要通过中介组织大学拨款委员会、1988年取而代之的大学基金委员会及1992年的高等教育基金会进行。

大学拨款委员会成立于1919年。从成立起到1963年,它直属于财政部,1963年以后,改属于教育科学部。其职能是:就管理和发展大学所需的经费向教育科学部提出建议,并在各大学之间分配政府的全部拨款。大学拨款委员会拨给各校的经费分两部分,一是基建费,包括校舍维修、设备购置、地产购买等方面;二是经常费。对于基建费,委员会在评估了大学的发展需要并考虑政府扩大接受学生的能力之后,向教育科学部提出建议,而政府在全面考虑国家投资及未来经济发展状况的基础上,提出全面的规划方案,决定分配给教育科学部的基金。这是不定期按需拨款。而经常费以五年为期,切块下拨。为了确定每五年的拨款总额,大学拨款委员会根据大学的预算以及委员会对大学的调查情况,向教育科学部提出大学财政需要的报告。教育科学部在经过分析考虑后,送交议会批准。英国议会每年3月通过政府预算,8月大学拨款委员会在得到政府的预算金额后与大学协商,然后将政府拨款在各大学问予以分配,这种拨款方式一直延续到1975年。此后,受英国经济发展不景气的影响,大学拨款由五年制改成年度制。

1987年,英国政府发表了题为《高等教育——迎接新的挑战》的白皮书,提议成立"大学基金会"取代原来的拨款委员会,1988年的教育改革法肯定了这一改革。不同于大学拨款委员会,大学基金委员会是一个法定的机构,15名成员中,至少必须有6名是来自高等教育以外的人士,它对大学资金分配具有全部的决定权,而原来这一职责则是由国务大臣承担的。1992年5月,英国政府又颁布了《继续和高等教育法》,宣布废除近30年来的高等教育双重制,建立统一的高等教育体制。与此相适应,成立了统一的高等教育拨款机构——高等教育基金委员会,取代大学基金委员会和多科技术学院和学院基金委员会,统一负责对大学、多科技术学院和其他学院的拨款。高等教育基金会是一个独立的、非政府部门的公共机构,只有少数成员是有关大臣指定的,基金会由强有力的工商业界的人士和高等教育界的代表组成,各设一名兼职主席和一名专职执行主任,专职执行主任是基金会的成员,有关政府部门的评估员有权出席每次基金会会议并在会上讲话。基金会拨款主要依据政府制定的办学方向、拨款原则和其对各高校教学、科研等实际情况的全面评估。通过这些改革,英国政府改变了过去大学经费渠道单一化的状况,逐步形成了政府拨款和社会各界参与办学相结合的新体制。

2. 公立院校的拨款体制

英国公立院校的拨款体制经历了一个演变的过程。20世纪50年代末至80年代,公立院校主要从"高级继续教育公积金"中取得财源,70年代,由于其暴露的问题越来越多,英国政府于1982年为公立院校建立了全国性的资助机构——全国公立高等教育咨询委员会,它的主要职能是就如何分配高级继续教育公积金向政府提出建议,可见,其作用类似于大学拨款委员会。但其组织和运行却与大学拨款委员会不同,大学拨款委员会由大学教师控制,而咨询委员会则由地方当局代表主持,并且一开始就把综合考虑各种因素作为分配资金的依据,而不仅仅基于学生人数。

1988年,英国政府颁布了教育改革法,把29所多科技术学院和50所左右规模大的高等教育学院由原来的地方当局办学改为中央直接管理,并在资金分配上以新成立的多科技术学院和学院基金委员会取代公立高等教育全国咨询委员会负责对公立院校拨款,它与大学基金委员会有同样的结构、成员组成和活动方式,是一个不属于任何部门的自主机构。1993年4月1日以后,它与大学基金委员会一样被新成立的高等教育基金委员会取代。英国高等教育拨款体制由原来大学与公立院校分离而走向统一。

英国高等教育拨款体制的这些变化,一方面反映了英国经济发展状况对高等教育财政的影响,另一方面也表明英国政府希望通过改革加强大学与社会合作,使大学承担更多的社会责任以适应社会发展的需要。

(三)英国高等教育财政中的奖学金、助学金和贷款制度

1. 奖学金与助学金

英国历来有对大学生的学费和生活费采取由政府包下来的政策。1944年教育法在81条和100条中,就强调要为学生提供奖学金和其他津贴。1951—1952年,英国大学生中受奖学金援助的达72.4%。1962年,在安德森委员会报告的基础上,议会通过的教育法对此进行了修改,规定所有接受全日制高等教育的学生都可以接受所需要的资助。20年来,英国基本上根据这一原则向大学生提供助学金。

英国资助经费的主要来源[①]:

(1)由大学和大学学院设立的奖学金和助学金。这来自大学和大学学院掌管的基金,这当中有些奖学金是"公开的",所有符合条件的候选人都可以通过竞争获得;有些是"封闭的",只限于给那些特殊学校或特定地区的学生。这些奖学金或助学金通常还不足以支持获得者的全部学费和生活费,遇到这种情况,仍需从公共资金中拨出补助金给"公开"奖学金的获得者。

(2)地方教育当局提供的助学金。这是学生获得经费补助的最大来源。从1962—1963年,除成人学生之外(25岁以上),教育大臣停发了国家奖学金,使地方教育当局成了资助本地区在英国攻读初级学位或类似

---

① H. C. Dent:Education in England and Wales,(2ed),Hodder and Stoughton,Ltd.,1982. P. 159.

课程所有学生的法定承担者,这种补助金叫"法定助学金",包括学费和生活费。学费由政府支付,生活费的发放取决一项生活补助测验,也就是说学生能获得多少助学金取决于他们的学习地点和家庭收入情况。1979 年以后,越来越严格地实行这样的生活补助测验。地方教育当局还有权力为学习其他课程的学生,包括半日制学生、学习非学位课程的学生或那些已经学过一门预备学程的学生设立"自决助学金"。教育大臣仍负责为下面几种人提供助学金:攻读研究生课程的学生、接受师资培训的学生、攻读初级学位或类似课程的法定成年学生。自 1966 年以来,研究生助学金由教育科学大臣、农业、渔业和粮食大臣、研究协会和地方教育当局提供。国家奖学金每年只发给 30 名成人,而且仅限于攻读人文学科荣誉学位而非职业学科的学生。

由于英国学生的学费、生活费和其他费用主要由政府承担,因此,在奖学金与助学金之间有时并没有明显的界限,尤其是当它们都用来指为学生或经济上有困难的学生支付学费、生活费等费用时,奖学金和助学金这两个术语常交换使用。

2. 贷款制度

作为高等教育资助制度的一种形式,英国贷款制度的兴起是与学生的资助制度紧密相关的。20 世纪 60 年代产生的学生资助制度,由于适应了当时高等教育大发展的需要,加之当时外部经济资源充足,学生人数相对较少,这套制度的运行相当顺利。进入 80 年代之后,由于内、外因素的影响,产生了诸多弊端。就外部而言,70 年代之后英国经济地位急剧下降,国家发展处于低谷状态,撒切尔夫人上台后,即开展了削减公共开支,降低政府支出,高等教育经费被严重地削减,使助学金制度失去了原有的基础。就助学金制度自身来说,自 1961 年以来,随着学生人数的增加,国民收入中用作学生助学金的部分增加了 150%,这一开支就占了高等教育总开支的 1/3,使高等教育和与高等教育有关的活动所获得的直接资助消耗殆尽,严重地阻碍了高等教育的发展。而且,助学金制度以学习传统学程的全日制学生为中心,这种做法也阻止了初级学位学程的革新和结构改革。另一方面,家长负担的费用也在急剧地增加,与1979年担负生活费用的20%相比,1989年的担负额已上升到37%,但这一切仍赶不上生活水准上涨的速度,结果是学生所获资助的实际价值不断下降。人们逐步认识到,实行助学金制度不再利于国家,也无益于学生自己,有必要建立一种新的学生资助制度。1989年11月,英国政府发表了一份题为《学生生活费差额贷款》的白皮书,决定对1990年秋季入学的高校学生实施一种贷款制度,这一制度的实质是要把本科生的助学金限定在1988—1989年度的水平,按照相当于通货膨胀的利率,通过金融系统,以贷款的形式增加对学生生活费的资助,但学费仍由政府支付。

第三节　日本高等教育财政

日本的高等教育机构有大学、短期大学、高等专门学校等类型;就设置者而言,有国立、公立和私立。由于设置者的不同,其教育财政亦不相同。

(一)高等教育费的水准

1. 高等教育费占国民收入的比率

（单位:百万日元）

年度	国民收入	高等教育费	构成比(%)
1990	345 739 000	5 763 540	1.66
1992	369 088 100	6 203 887	1.68
1993	372 750 000	6 471 927	1.73
1994	372 943 600	6 993 864	1.87
1995	379 720 400	7 028 516	1.85

资料来源:[日]文部省,《文部统计要览》,1998年,第164—165页。

从数字来看,高等教育费占国民收入的比率除1995年是逐步上升

的,但如同其他发达国家相比,居中等水平。参见下表:

2. 各国高等教育费占国民收入的比率比较

国别	国民收入	高等教育费	构成比(%)
日本(1986)	264 万亿日元	4.3 万亿日元	1.62
美国(1985)	32 340 亿美元	1 077 亿美元	3.33
英国(1986)	2 778 亿镑	45 亿镑	1.61
法国(1986)	37 461 亿法郎	348 亿法郎	0.92
西德(1985)	14 200 亿马克	249 亿马克	1.75

资料来源:[日]文部省,《我国的文教施策》,1990 年。

3. 高等教育费占学校教育费的比率

(单位:百万日元)

年度	学校教育费	高等教育费	构成比(%)
1990	22 536 633	5 763 540	25.6
1992	23 842 427	6 203 887	26.0
1993	24 595 776	6 471 927	26.3
1994	25 104 645	6 993 864	27.9
1995	25 084 424	7 028 516	28.0
1996	25 740 558	7 337 458	28.5

资料来源:[日]文部省,《文部统计要览》,1998 年,第 164—165 页。

上表表明,日本高等教育费占学校教育费的比率伴随入学人数的缓慢增加而逐步上升。

(二)高等教育费的财源

日本高等教育费按设置者负担原则,国立大学、公立大学和私立大学的财源各不相同。就整体来看,高等教育费由国家、地方和学校法人三部分组成,其中国家支付部分包含对公立大学和私立大学的补助。

1996 年高等教育费的财源比率

(单位:百万日元)

区分	高等教育费	构成比(%)
计	7 337 458	100.0
国家	3 033 493	41.4
地方	581 157	7.9
学校法人	3 722 808	50.7

下面就国立大学、公立大学和私立大学财政的具体情况再加以说明。

国立大学根据《国立学校设置法》第 1 条第 2 款规定,国立学校由文部大臣管辖,其经费由国家负担,并禁止由地方政府负担(《地方财政法》第 12 条)。国立学校经费虽列入国家财政预算,但为充实国立大学,于1964 年设立了国立学校特别会计制度,以确保经费的专款专用。但文部省的一般会计中并没有单独的"高等教育费"一项,因而高等教育费分别包括在"国立学校特别补助费""公立学校设备费""私立大学补助费"等项目中。

公立大学由地方政府设置,其办学经费主要来源于地方政府的公共开支。但根据地方交付税制度等措施可从国家得到补助,使其财源确保在一定水平上。

私立大学由学校法人负担,其经费除少量收益事业(《私立学校法》第 26 条)的收入外,绝大部分依靠学费。但根据《私立学校振兴助成法》可从国家得到补助。国家对私立大学的补助自 1975 年公布《私立学校振兴助成法》以来,补助力度加大。该法第 4 条规定:"国家对设置大学或高等专门学校的学校法人,关于与该学校的教育或研究有关的经常性经费,可补助其 1/2 以内。"文部省对私立大学经费的经常性补助包括两项:一是"一般补助"即按教职员数、学生数而给予的补助;一是"特别补助"即根据各大学的实际教育和研究发展水平而给予的数额不等的补助。

近年来,文部省决定不增加"一般补助",只增加"特别补助",以推动私立大学教育质量的提高。

(三)高等教育费的支出[①]

日本各高等教育机构当通过各种渠道取得办学经费后,经费的管理与使用由各学校自己决定,即在财务方面拥有完全的自主权。

学校办学经费的支出有很多项目,但大体上可以分为两大类:资产性支出和消费性支出。资产性支出主要指基本建设、设备设施费;消费性支出主要指人事费、研究费、管理费、活动补助费等。

1. 资产性支出

国立高等学校的资产性支出主要用于增购教学设备、实验设备等。由于科学技术的迅速发展,必须不断进行设备更新,以满足社会经济发展的需要,因而其设备购置费约占资产性支出的45%。国立高等学校很重视图书馆的建设,力图把本国及世界各国最新的科学技术成果、理论研究成果、文化艺术成果吸收进来,其图书购置费约占资产性支出的10%。其余的45%,则用于学校的基本建设上,包括土木建筑、房舍维修、道路维修、校园维修、服务设施的扩充等等。

公立高等学校的资产性支出主要用于基本建设,仅土木建筑费就占82%,设备购置费约占14%,其余的4%作为图书购置费。

私立高等学校为了提高同国、公立大学的竞争力,非常重视校舍及校园的建设,其基本建设经费约占资产性支出的72%,其余的经费,有20%用于购置设备,8%用于购置图书。

2. 消费性支出

高等学校的消费性支出,最主要的就是人事费即教职员的工资。以1984年为例,国立高等学校的人事费占消费性支出的56%,公立高等学

---

① 参见袁韶莹著:《当代日本高等教育》,吉林教育出版社,1993年,第70-73页。

校是 52％,而私立高等学校则是 65％,比例较高。

消费性支出项目中的另一个大项是教育研究经费。各类高等学校的数额是不平衡的。1984 年,私立大学的教育研究经费占消费性支出的比例为 30％,而国立大学为 11.5％,公立大学为 5％。可见,私立大学的教育研究经费比另两类学校高得多,其主要原因在于:私立大学教师队伍的整体水平由于有一批国、公立退休教授的加入而大大提高。这样的教师队伍,除完成教学工作任务以外,在科学研究方面也承担了一些重大的研究课题,这就需要有充足的研究经费作保证。因此,私立大学的科研经费达到 30％的比例。国立学校的教育研究经费为什么只有 11.5％? 这是因为国立大学除了这笔经费之外,还承担许多国家级的重点科研项目,这些项目可从政府的科学研究经费中得到充足的专项课题经费。只有公立大学的教育研究经费是紧缺的。其教育研究经费,一般都是根据专职教师的职称和科研任务而分配给每位教师的。这笔经费的多少,是因校而异的。一般说来,私立大学的教育研究经费大大高于国、公立大学,因而这也成为私立大学能吸引人才的原因之一。

管理费主要指的是校级各种行政机构及学部行政机构的办公费;活动补助费,即事业性活动所需费用,例如各种学术团体开会的补助、师生集体修学旅行所需费用的补助、学生开展各种社会活动所需费用的补助等;固定支出费,指的是水费、电费、煤气费、卫生费等。这三项费用的支出,国、公立大学较多,私立大学则较少。

第四章　国外成人教育（社会教育）财政概况

第一节　美国成人教育财政

（一）成人教育的经费来源

美国成人教育是美国规模最大、办学形式最灵活多样、涉及内容最广泛的一种教育形式。办学机构不拘一格。政府、企业、全日制院校、专业协会、民间组织或个人教会及慈善机构等，各有自己的成人教育体系和教育政府。

美国成人教育经费一般由政府拨款、私人经费和学费三项相结合。就政府财政拨款而言，成人教育经费的 50% 是由政府提供的。

美国在《成人教育法》中规定：联邦政府为实施各项规划而担负的费用应在给该州的拨款内支付。同时根据美国《地区再发展及人力发展与训练方案》，"所有参加培训人员、个人不负担任何费用。其费用的三分之二由联邦政府负担，三分之一由州政府负担"。[①]

美国国家支持成人教育。在《克林顿建议通过减税支持青年上大学》中规定：①准许年收入接近 12 万美元的家庭可减征多达 1 万美元的税赋，以便家庭将这笔钱用于任何中学后教育机构的学费。②允许每个家庭每年从个人退休金账户中取出 2 000 美元，以便支付包括中学后学

---

① 引自《世界成人教育立法发展趋势》，《中国成人教育》，1997 年第 6 期。

费在内的一些主要费用。

(二)美国企业教育经费

美国企业教育是成人教育大军中重要组成部分。美国企业完全拥有教育的自主决策权,国家并不对企业教育承担义务或施加直接影响。

据美国培训和开发协会 20 世纪 80 年代末的统计,每年私人企业花费 300 亿美元用于正规的培训活动,1 800 亿美元用于非正规的培训活动。90 年代以后,企业教育投资又上升了 20％左右,使企业这一系统中的总投资足以与正规教育体系(包括初、中等后教育)相抗衡,联邦政府仅仅对各类处境不利的群体承担最基本的职业培训。对现代企业教育的导向往往是通过民间学术研究机构来实现的。

据统计,企业开展的正规培训项目中,31％是企业向社会的各种教育资源"购买"的,这已成为美国企业教育的一大特色。而在所有的"卖主"中,前四位排名都是四年制高等院校(占 31.2％)。目前,企业与各类教育资源联办教育的势头有增无减。

(三)美国的职业教育经费

20 世纪 80 年代以来,职业教育课程的开设依赖于联邦、州和地方的共同资助。有人认为由于联邦资助只占全部资金的一小部分,联邦的作用是不重要的,可以由州和地方政府来弥补。但职业教育人员认为联邦连年提供资助,正是促进职业教育革新和改革的因素。

美国中等职业教育课程所用的经费,约占总经费的 1.2％,中学以上的职业教育课程,所用经费占总经费的 16％,成人教育课程的经费来自联邦政府。若失去联邦资助,则在职教课程和工厂改革保持适应上是很不利的,尤其是在那些经济萧条,缺乏足够资金的地区,没有联邦政府资助而要扩展职教是不可能的。

在经济萧条时期,联邦政府对每个参加职业教育学生的拨款为 19 美元,大约是 1972 年 35 美元的一半。而州和地方资金并没有弥补这一损失。

第二节　英国成人教育财政

现代成人教育是人类社会发展到近代,政治、经济和生产力发展到一定阶段的产物。英国是西方资本主义商品经济和现代工业革命的摇篮,这为现代成人教育首先产生于英国奠定了坚实的物质基础。

英国成人教育产生于 18 世纪初。1711 年,基督教知识促进会提倡为成人创办学校,1739 年,英国产生了第一所成人学校。19 世纪下半叶,随着以大机器生产为基础的工厂生产方式逐渐取代原来的手工工场,英国的成人教育进入了一个以劳工阶级为对象,注重文化技术培训的蓬勃发展时期,在这段时间里,出现了许多形式的成人教育组织,如成人学校、机械工讲习所、劳工学院和大学推广运动等。进入 20 世纪以后,英国成人教育开始向高层次和多形式的方向发展,开展成人教育的机构有多科技术学院、高等教育学院。1971 年,英国的开放大学开始招生,这标志着英国成人教育进入了一个新的阶段,80 年代之后,适应经济发展的要求,英国的成人教育更加注重职业训练并显示出向多元化发展的趋势。

(一)英国成人教育经费的负担结构

成人教育的发展与其他类型的教育一样,也离不开经费的保障,英国成人教育经费主要由中央、地方政府和民间团体负担。

1. 中央政府

英国中央政府关心成人教育始于 19 世纪下半叶,当时,随着成人学校、大学推广教育运动的发展,政府开始关注成人教育。教育部对开办成人教育的民间团体给予补助,并要求地方政府为成人教育提供设施,最初每年约支付 52 000 英镑的补助金。第一次世界大战后,随着科学技术的发展,工业生产方式的改变,对劳动者的教育水平提出了更高的要求,成人教育有了较快的发展。为加强对成人教育的管理,1921 年教育部长费舍设立了成人教育委员会,就成人教育财政问题向教育部提出报告,1922 年,成人教育委员会发表了《关于在大学、地方教育当局和民间团体之间开展地方合作的报告》,提出增加政府对成人教育的补助金。在这一报告思想的影响下,1924 年教育部颁布了《成人教育规程》,确立了英国成人教育财政制度的基础。

《成人教育规程》由前言及其他五章组成,在一至四章对成人教育财政补助的一般原则及对大学校外课程和民间团体开展的成人教育的补助等做了详细的说明。关于支付补助金的一般原则规定:①对符合本规程条件的教授科目,其最高补助额除旅费与其他类似费用外,在支付给教师四分之三的酬金与支付给各科目最高补助金之间选择其中少的一方;②获得最高补助金的标准是已登记的学生在一年中必须有三分之二以上到校学习,并完成老师要求的作业,如达不到这一标准,其补助金则从最高补助金中按比例递减。另外还规定这一原则不适用于假期课程及单科大学中的部分时间制科目。关于大学校外教育补助,规定大学校外教育有以下几种:①预备班,②三年制辅导班,③高级辅导班,④假期课程,⑤大学推广课程。预备班的最高补助金为 45 英镑,获得补助金的最低标准是要有 12 名学生参加学习,三分之二以上出席整个学习过程。三年制辅导班,要求学生必须修业三年,所学科目为大学程度,每年 24 周,每周 2 小时以上,最高补助金为每学年 60 英镑。最低标准是第一年 12 人,第二年 9 人,第三年 6 人。高级辅导班的最高补助金也为 60 英镑,学生要求是三年制辅导班的修业者,学习时间不少于 20 周,每学年人数 9 至 24 名,有三分之二以上出席。对于假期课程,成人教育规程未做具体规定,"可以领取认为适当的补助金"。大学推广课程的最高补助金,授业 48/小时以上为 45 英镑,获得补助金的最低标准是学生 12 人。授业若在 48 小时以内,其补助金额按比例相应减少。

民间团体开展的成人教育有定期课程、一年制课程和假期课程。定期课程，一年 12 周以上，每次一个半小时以上，授课 24 小时，最高补助金为 8 英镑，学生数 12 名。一年制课程，一年 20 周以上，每次一个半小时，最高补助金，每 48 小时为 36 英镑，学生 12 名。对假期课程，教育部给予"认为适当的补助金"。规程还规定，对这几种成人教育的补助金都交给负责这些课程的责任团体。对规程认可的寄宿学院的补助，是授业一年，每个学生不超过 20 英镑。由于《成人教育规程》确立了政府补助成人教育的制度，英国不同类型的成人教育均获得了比以往更多的资金，这大大地促进了二三十年代英国成人教育的发展。

第二次世界大战后，英国政府颁布了对战后教育重建与发展有重大影响的《巴特勒法》，从法律上明确了继续教育在整个英国教育中的地位，使它与初等、中等教育共同成为英国现代教育制度的组成部分，以满足"18 岁以上脱离了全日制学校学习的人们的学习要求"，[1]从原则上使成人教育成为继续教育的一个组成部分。[2]

进入 20 世纪 50 年代，特别是 60 年代以后，迫于经济发展的压力，英国把职业培训作为促进经济发展的手段，职业培训成了英国成人教育的主要形式。政府先后颁布了《工业培训法》与《就业培训法》，规定岗位培训或职业训练的经费由行政所属单位以提缴训练捐款的方式共同均担；另一部分由政府给予补助。1974 至 1975 年度，中央政府为继续教育与成人教育支付的经费是：经常费 910 万英镑，建设费 100 万英镑，占继续与成人教育总经费的 1.72％。[3]

2. 地方政府

根据 1902 年教育法的规定，英国管理与补助成人教育的地方政府是

---

① A. J. Peters《英国的继续教育》，朗格蒙出版社，1967 年，第 3 页。
② 张新生著：《英国成人教育史》，山东教育出版，1993 年，第 30 页。
③ John Pratt etc:Costs and Control in Further Education, N. F. E. R. Publishing Company Ltd, 1978，P. 29.

由郡议会和郡级市议会组成的地方教育当局。但实际上在第一次世界大战以前,各地方教育当局并没有为成人教育设立学校,对民间团体开办的成人学校也未给予财政补助,直到大战结束、费舍法案颁布后,财政部因为援助民间团体而将补助金交给地方教育当局,才使地方教育当局开始关心成人教育,设置成人学校,并以不同的方式对成人教育进行补助。

1924年颁发的《成人教育规程》对英国成人教育的发展具有划时代的意义,它确立了英国成人教育的补助体系,但规程主要是专就中央政府办理成人教育而做的规定。对地方政府,仅提出民间团体开办的水平较低的成人教育,应由地方教育当局担负起财政责任,并在1925年教育部的1355号通知中说明,这是否成为补助金制度的永久部分,主要依据地方教育当局所采取的政策,因此,规程对地方政府补助成人教育的影响并不大。

二三十年代,英国地方教育当局对成人教育的资金援助大致有以下四种。①直接设置成人文科教育的科目;②担负大学或民间团体开设科目的财政责任;③对大学或民间团体开设的科目给以补助金;④对规程未做规定的成人教育事业给予补助。具体而言,由地方教育当局直接设置的成人文科教育科目主要由地方教育当局承担全部费用。地方教育当局对于民间团体开设科目的财政责任,主要是支付教师的酬金。给大学和民间团体开设科目给予补助金,这是最常用的方法,当时共有34个郡议会和37个郡级市议会对大学辅导班给予补助金。另有21个郡议会、19个郡级市议会对大学推广课程给予补助金,37个郡议会、38个郡级市议会对工人教育协会开设的科目给予补助金。对于尚未认可的成人教育事业,地方教育当局在给予补助时通常附以某种条件。

1944年的教育法对英国的地方教育行政机构进行了调整,取消了1902年教育法中的第三部分地方教育当局,规定郡和郡级市议会为唯一的地方教育当局,负责向本地区的继续教育提供足够的设施,为超过义务教育年龄的人提供全日制或业余教育,以适合他们要求的有组织的文化训练活动和娱乐活动的形式,向愿意利用这种设施的义务教育超龄者提供业余消遣活动。同时,法案还规定地方教育当局为超过义务教育年龄的人提供奖学金和其他津贴,并向大学或大学学院提供财政资助,改善本地区用于继续教育的设施。根据这些规定,地方教育当局成为英国成人教育的主要组织者,也成为英国成人教育经费的主要承担者,由地方教育当局支付的经费占成人教育总经费的 90% 以上。

20 世纪 70 年代之后,由于整个社会经济发展不景气的影响,地方教育当局对成人教育的资助开始减少。1988 年,英国颁布了又一部重要的教育法律《教育改革法》。"在其 238 条条款中,约有三分之一涉及成人教育改革,它们大都间接地或直接地与成人教育的设施经费有关"。① 该法第 81 条重申地方教育当局有义务为本地区提供足够的继续教育,对离校者进行各种教育和培训。法案还规定,各地方教育当局有责任为继续教育提供足够的经费,以保证继续教育能满足本地区的需要。由此可见,地方教育当局仍然是英国成人教育的主要组织者和经费承担者。

3. 民间团体

除中央与地方政府的补助外,英国成人教育还能够得到各种民间团体的补助金,如各大学通常为其所开设的"导师指导班"课程支付教师三分之一的薪金。以英国成立较早,影响范围最广的"工人教育协会"为例,协会的教育活动经费除政府的拨款以外,还有私人和有关团体的捐资以及协会通过募捐等活动筹集的民间资金、会员的会费和学生的学费等。在其各项经费的构成中,政府的资助约占五分之三,地方教育当局的资助占五分之一,其余的五分之一来自学费、会费、捐资和其他民间团体的帮助。今天,尽管英国成人教育的资金中来自民间的经费与历史上不同,所占比重已经不大,但这也是英国成人教育不可或缺的财源。

---

① 张新生著:《英国成人教育史》,山东教育出版社,1993 年,第 30 页。

(二)英国成人教育经费的负担方式

如前所述,第二次世界大战后,根据教育法的规定,地方教育当局是英国成人教育经费的主要承担者。20世纪70年代中期,在继续与成人教育的全部开支中,地方教育当局的支出占98%,[1]因此,从某种程度上可以说构成地方教育当局成人教育经费的负担方式也就是英国成人教育经费的负担方式,一般有以下几种。[2]

1. 地方税

地方税是英国地方政府一项传统的财源,在地方政府的财政预算中占有重要的地位。1938—1939年度,它占地方预算总额的54%。近年来地方税的收入在地方政府的预算收入中的比重下降了,占20%左右。在地方政府用于成人教育的经费中,有一部分即是地方税的收入。

2. 地方税收补助

1959年以前,英国中央政府每年大约支付地方政府一半以上的开支,其后,随着教育及其他费用的上升,中央政府的补助也被迫上升。1958年,中央政府颁布了《地方政府法》建立起新的税收补助机制,授权住宅和地方政府部部长提供一种一般补助金,以弥补地方教育当局的开支,同时,还采用了税收不足补助金以资助那些税收低于全国平均水平的地方当局。1966年的《地方政府法》对此做了进一步的修改,以地方税收补助取代一般补助和税收不足补助,从而形成了地方政府成人教育经费的又一负担方式。在1973—1974年度,中央支付的补助金占地方开支的60%,1975—1976年度上升到66.5%,1978—1979年则又下降到60.5%,资金总量也从2 875百万英镑上升到6 521百万英镑。对于每个地方教育当局来说,因为各自存在差异,因而所获得的地方税收补助也

---

① John Pratt etc: Costs and Control in Further Education, N. F. E. R. Pubilishing Company Ltd, 1978, P. 29.

② 见 Costs and control in Further Education, Chapter 1.

不同,最终相差多少根据公式计算决定。1978—1979年,各地方教育当局所获得的成人教育补助金计算方法是,如果接受继续教育的全日制或相当于全日制的学生数超过其全部人口的0.6%,则以接受继续教育的学生数乘以758.5英镑,所得结果就是继续教育所能获得的地方税收补助。[①] 需要注意的是,对高级继续教育学生的补助没有纳入这一范围,因为对他们的补助来自各地方当局提供的公积金。

3. 补偿金

英国各地方当局之间还有两种相互付款的成人教育经费分担方式,其中之一即是补偿金。这是一种一个地方当局直接向另外一个地方当局收回它为该地方当局的学生提供教育所花费用的简单方法。[②] 它应用于初等、中等和继续教育。1969—1970年,在继续教育方面除二三个地方当局外,其他的地方当局为每个学生支付的费用都不足800英镑,其中在600—800英镑之间的有7个地方当局,在400与600之间的有22个,在200与400之间的有65个,费用不足200英镑的有41个地方当局。

4. 公积金

公积金是各地方当局之间相互付款的另一种形式。与补偿金直接发生于各地方当局之间不同,它是各地方当局共同为某一公共事业支付的资金,高级继续教育公积金是其中的一种。凡提供高级继续教育的地方当局都可以从由它和其他地方当局支付的公积金中获得其为继续教育所支出的经费。1969—1970年,各地方当局支入公积金的每人补助金,数额在200至400英镑之间的地方当局有5个,在400至600英镑之间的10个,600至800英镑之间15个,800至1 000英镑之间32个,1 000至1 200英镑之间26个,1 200至1 400英镑之间18个,1 400至1 600英镑之间21个,1 800至2 000英镑10个,2 000英镑以上有14个

---

① John Pratt etc:Costs and Control in Further Education, N. F. E. R. Pubilishing Company Ltd,1978,P. 33.

② 同上,P. 35.

地方当局。在英格兰和威尔士,由郡支付的公积金总额是 3 040 万英镑,郡级市支付的公积金总额为 3 950 万英镑。按全部人口计算,各郡人均支付了 62 英镑,郡级市人均支付了 76 英镑。

从英国成人教育经费的负担结构与方式可以看出,与英国的教育行政制度具有浓厚的地方分权色彩一样,英国成人教育在经费负担与组织管理上也具有这一特点。地方当局是英国成人教育的具体实施者和经费承担者,中央政府在成人教育的发展过程中,一是通过给地方当局补助来发展成人教育,二是直接向大学和民间团体拨款支持成人教育,这两项拨款约占成人教育经费的 45%。① 如果将中央拨给地方当局的补助金纳入地方用于成人教育的经费,则中央与地方用于成人教育经费所占的比例,中央直接拨款约占 2%,地方当局支出占 98%。由于 1944 年的教育法从原则上使成人教育成为继续教育的一部分,因此,继续教育经费在英国公共教育经费中所占的比例在某种程度上也代表着成人教育。1948 年继续教育在教育经费中占 4.7%,1953 年占 6.2%,1955 年占 6.0%,1965 年占 12.7%,1970 年继续教育与成人教育经费所占比例为 18.53%,1975 年 17.18%,1981 年 17.73%。②

第三节　日本社会教育财政

(一)社会教育财政的意义

社会教育财政,一般是指国家及地方公共团体确保执行社会教育行政所必需的财源,并对之管理和执行作用之总体。③ 也就是说,社会教育财政的作用即在于为社会教育行政提供经济基础。如果说社会教育行

---

　① [美]达肯沃尔德·梅里安著、刘宪之等译:《成人教育——实践的基础》,教育科学出版社,1986年,第 257 页。
　② 国家教育发展与研究中心编:《70 国教育发展概况》,天津人民出版社,1986 年。
　③ [日]岸本幸次郎编:《社会教育》(现代教育学讲座 8),福村出版,1977 年,第 156 页。

政是通过执行法令谋求实现社会教育政策的权力作用的话,那么社会教育财政就是为实现这一社会教育政策,谋求其财政保障的权力作用。在这个意义上讲,二者是互为表里的关系。一般在理论上讲,社会教育行政的水平和内容决定着社会教育财政的规模(量出制入),但实际上社会教育财政的规模往往决定着社会教育行政的水平(量入制出),这就是考察社会教育财政意义之所在。

在日本现行的财政制度下,社会教育财政如同整个教育财政一样,并不具有特定的财源。社会教育行政所需的一切财力(经费),均由国家及地方公共团体的一般财政收入中分得。也就是说,社会教育财政依赖一般财政,不具有独立性。如果按照传统的财政观念,关注经费的取得(收入)的侧面,把财政看做是国家及地方公共团体利用征收租税的方法来取得为实现其存在目的所需经费(财力)并对之进行管理的作用的话,那么,可以说,日本现在不存在社会教育财政这一观念与现实。但我们在此所说的社会教育财政就其内容而言,可称得"国家及地方公共体确保实现社会教育目的所需财源,分配和支出公共经费,管理和运用有关社会教育预算的社会行政财务",是包含在广义的社会教育行政之中的,[①]而非严格的学术的概念。

(二)社会教育费的财源

一般把为社会教育所支出的一切经费称作社会教育费,它包括两部分:一是社会教育行政费,即为社会教育行政的组织与运营所使用的经费,一般由国家及地方公共团体承担,所以亦称公费;一是民间开展的各种各样的社会教育活动所用之经费,它是由私人和民间团体负担,所以亦称私费。

---

① [日]岸本幸次郎编:《社会教育》(现代教育学讲座8),福村出版,1977年,第158页。

1. 社会教育费财源的种类

在日本,根据有关法律规定,社会教育费原则上由设置者负担(《地方自治法》第 28 条、《地方财政法》第 9 条、《社会教育法》第 48 条)。因此日本的社会教育主要由国家及地方公共团体的财政来维持和保证。而国家及地方公共团体的行政费皆由其岁入财源来保证。作为国家的岁入财源,主要有租税和印花收入、专卖收入、官业收益和官业收入,处理政府资产收入、公债收入、杂项收入、上年度剩余资金等,国家的行政费就是由这些收入来维持的。与中央财政相比,地方公共团体的岁入不仅种类繁多,而且来源很广。地方公共团体的岁入财源主要由两部分组成:①自主财源,即从地区居民那里直接获得的,如地方税、使用费、手续费等;②依赖国家的财源,如国库支出金、国家下拨税、地方债等。在这些财源中,像地方税、国家下拨税等属未规定特定用途的一般财源,而像国库支出金、地方债计划等财源则属于规定了其特定用途的特定财源。

2. 国家对地方社会教育财源的调整与保障措施

如上所述,日本地方公共团体支出的所有岁出经费皆由各地方公共团体的岁入财源来保证。这些岁入财源除了各地方公共团体的自主财源之外,还有作为国家对地方公共团体的财源保障措施——关于国库支出金、国家下拨税和地方债的地方财政计划。这些措施是作为保证地方自治的重要经济手段,是社会教育行政中地方分权主义原理的体现与要求。

(1)国库支出金

国库支出金是根据一定的目的和条件,为充作地方公共团体的特定支出而由国库向地方公共团体支出的财政资金。它包括补助金、负担金、利息补贴金和委托费等国库支出,是不要求偿还的国家支出金的总称。从地方财政的立场来看,可以根据支出的目的和性质,把它划分为国库负担金、国库委托金和国库补助金三大类。在地方公共团体的经费中,有些与国家有利害的支出,根据国家与地方的经费负担原则,由国家负担全部或一部分。国家为此支付的国库支出金,便是国库负担金,其中包括义务教育费、生活保护费、老人医疗费和农业委员会费等一般行政费,公路、河川、港湾、土地改良和公营住宅等方面的建设事业费,以及善后救灾费等。国库委托金是国家为了满足地方公共团体经费中的纯属国家利益的支出而支付给地方的国库支出金。原则上,这种经费全由国家负担,如国会议员的选举费和国家的统计调查费等,均系国库委托金。国库补助金,是国家出于财政上的需要,根据自身的判断而提供的国库支出金,原则上只能用于国家施政的特别需要或地方公共团体的财政特别需要。

在日本有关社会教育的国库支出金中,现在没有相当于国库负担金和国库委托金的支出,相当于国库补助金中的奖励性补助金主要有地方社会教育活动费补助金和社会教育设施整备费补助金。社会教育活动费补助金是指对地方公共团体为奖励社会教育开展的事务、事业所需经费进行的部分补助。其中对都道府县的补助有:社会教育主事工资费、社会教育指导人员设置费、社会教育指导人员研修费、学习信息与教材提供事业费、家庭教育(幼儿期)咨询事业费、家庭教育综合研讨会事业费等;对市镇村的补助有:对开设青年学级、妇女学级、家庭教育学级、老年人教育、成人大学讲座等学级、讲座,促进青少年地区活动、PTA 地区活动、妇女志愿者活动、老年人才利用等的事业以及公民馆、图书馆、博物馆所开展的活动,整备视听图书馆的教材、教育机器等的补助金。社会教育设施整备费补助金是对地方公共团体整备公民馆、图书馆、博物馆、青年之家、少年自然之家、妇女教育会馆、视听中心以及县立综合社会教育设施的建设费进行的部分补助。

(2)国家下拨税

国家下拨税,是国家为了保证地方公共团体能均等地执行其应办的业务而把国税中的所得税、法人税和酒税按一定比例(现在的比例为32%)下拨给地方的一种税。国家下拨税是作为国税的一部分征收的,但中央并不自己使用,而是把它作为地方公共团体共有的财源保留下来,然后从保证各团体之间的财源能够均衡和每个团体的财源能够可靠的观点出发,再把它拨付给各个地方公共团体。国家下拨税是作为一般财源拨发给地方的,既不限制其用途,又不附加其他条件。设立这种下拨税制度的目的,是在维护地方公共团体的独立自主性的同时,保证它们有必要的财源来维持一定水平的行政活动。国家下拨税分为普通下拨税和特别下拨税,前者占总额的94%,后者占6%。在弥补地方财源不足的这一点上,两者的目的是相同的,但后者是对普通下拨税算定以后发生的灾害、歉收等情况和个别的特殊情况提供的补充性财源。

下拨给地方公共团体的普通下拨税的计算方式是:标准财政需要额－标准财政收入额＝财源不足额＝普通下拨税额。所谓标准财政需要额,并非是指地方公共团体实际支出的数额,而是指地方自治体的平均行政服务水准,或者说是"应有的财政需要额"。所谓标准财政收入额,在都道府县是指其普通税的80%加上地方道路让与税等税的总额,在市镇村是指其普通税的75%的数额加上特别吨位让与税等税的总额。标准财政需要额高于标准财政收入额,其不足部分由普通下拨税补充,反之则得不到普通下拨税。

(3)地方债

地方债就是地方公共团体为筹措资金而负担的债务。地方公共团体的岁出,原则上是以地方税、国家下拨税等一般财源和国库支出金等特定财源来维持,但当因一时需要大额的资金进行大规模的建设事业以及发生灾害而临时需要经费时,可以通过借金筹措资金,作为财源(《地方财政法》第5条)。地方债是地方公共团体的长期借款,不同于用来弥补年度内的临时性资金不足的临时借款。

地方债若发行过度的话,一方面不利于地方财政的健康执行,另一方面从国家金融政策上看亦容易引起通货膨胀。因此,日本的《地方自治法》第 230 条第 2 项规定,地方债的起债、限度额、起债的方法、利率及偿还方法等都必须纳入地方公共团体的预算中。同法第 250 条还规定,地方公共团体起债时须经自治大臣及都道府县知事的许可。为此,政府每年都制定《地方债计划》《地方债许可方针》,对不同事业、不同资金类别,规定起债许可的预定额。日本社会教育行政中的社会教育设施建设事业等亦属地方债起债对象。

(三)社会教育费的结合与特征

1. 社会教育费的规模变化

战后日本社会教育费总的来说是呈增长趋势的,但不同的时期增长的幅度是不同的。战后日本社会教育费的变迁大体可分为 1965 年以前和以后两个时期。

1965 年以前的时期里,日本社会教育费的变迁状况具有如下特征:(1)社会教育费的增长幅度低于公共教育费(即由国家及地方公共团体的公共财政中支出的教育费)的增长幅度。1950 年、1955 年、1960 年和 1962 年日本公共教育经费总额分别为 1 598、3 720、6 125、8 979 亿日元,其中社会教育费分别为 48、77、148、250 亿日元。若将 1950 年的公共教育费总额与社会教育费的指数分别定为 100 的话,那么 1950 年、1955年、1960 年、1962 年公共教育费总额的指数分别为 100、232、383、561,社会教育费的指数分别为 100、158、305、515。可见社会教育费的增长幅度明显低于公共教育费总额的增长幅度。(2)学校教育经费占公共教育经费的比率持续在 90％以上,而社会教育费所占比率一直徘徊在 2—3％之间。这主要是由于这一时期财政相对紧迫,而且主要是放在学校教育的整建上,社会教育费自然受到影响。详见表 4—1:

表 4-1　日本公共教育费的构成比率(%)

年度 \ 领域	公共教育费总额	学校教育费	社会教育费	教育行政费
1950	100.0	91.1	3.0	5.9
1953	100.0	90.7	2.5	6.8
1956	100.0	92.1	2.0	5.9
1959	100.0	91.8	2.4	5.7
1962	100.0	90.9	2.8	6.3
1965	100.0	90.4	3.0	6.6
1968	100.0	89.9	3.4	6.7
1971	100.0	88.2	4.7	7.1
1974	100.0	87.5	5.0	7.5
1977	100.0	86.2	5.2	8.6
1980	100.0	83.6	6.8	9.6

资料来源:[日]全国社会教育推进协议会编:《社会教育手册》,研究所,1984 年,第512 页。

应指出,在 1965 年以后的时间里,日本社会教育费发生了显著的变化,其主要特征如下:

(1)社会教育费的增长幅度(指地方社会教育费)超过教育费总额(系指国、公、私立学校教育费,地方社会教育费及国家与地方的教育行政费合计额)的增长速度。1989 年度日本教育费总额相当于 1965 年的13.4 倍,而其中社会教育费 1989 年度相当于 1965 年的 42.8%倍。

(2)学校教育费在教育经费总额中的比率逐渐下降,而社会教育费所占的比率则逐渐上升,这说明了日本教育经费的支出结构开始发生变化。这一状况形成的主要原因是日本财政上逐步宽裕,学校教育整建的主体工作已告完成,伴随国民生活水平的提高居民的学习要求日趋高涨等。详见表 4-2:

表 4-2　教育费总额的支出项目(单位:百万日元)

年度	总计	学校教育费	社会教育费	教育行政费
1955	437 350	407 482	7 785	22 083
1960	752 209	702 721	14 937	34 549
1965	1 788 199	1 657 087	40 939	90 173
1970	3 547 031	3 237 318	127 806	181 907
1975	9 611 359	8 808 843	382 023	420 493
1980	16 666 258	14 933 543	952 675	780 039
1981	17 847 708	15 916 818	1 050 784	880 106
1982	18 342 669	16 341 192	1 122 039	879 439
1983	18 970 788	16 943 515	1 137 889	889 384
1984	19 683 035	17 578 588	1 181 840	922 607
1985	20 424 657	18 258 314	1 225 665	940 679
1986	21 067 753	18 790 206	1 289 989	987 558
1987	21 910 876	19 507 085	1 386 171	1 017 620
1988	22 811 473	20 207 707	1 529 940	1 073 827
1989	23 947 757	20 975 701	1 752 010	1 220 045

资料来源:[日]文部省编:《文部统计要览》,1992年,第164—165页。

下面我们再考察日本地方教育费与社会教育费的构成比率:

表 4-3　日本地方教育费与社会教育费

(单位:亿日元)

年度	地方教育费总额	社会教育费	构成比%
1965	11 8582	409	3.5
1967	15 032	602	4.0
1970	24 654	1 278	5.2
1972	34 943	2 023	5.8
1975	69 563	3 820	5.5

年度	地方教育费总额	社会教育费	构成比%
1977	86 956	5 343	6.1
1980	116 777	9 526	8.2
1981	124 618	10 507	8.4
1982	126 839	11 220	8.8
1983	129 882	11 378	8.8
1984	132 936	11 818	8.9
1985	137 399	12 256	8.9
1986	139 568	12 899	9.2
1987	142 792	13 862	9.7
1988	147 936	15 299	10.3
1991	175 520	22 191	12.6
1994	185 566	27 103	14.6
1995	189 549	28 025	14.8

资料来源:〔日〕《日本教育年鉴》,1992 年;《教育委员会日报》,1998 年 8 月。

从日本社会教育费占教育费总额的比率来看,尽管总的来说是呈上升趋势,但仍然维持在较低的规模上。社会教育费占教育费总额(包括国家经费)的比率,1989 年度为 7.3%;1988 年度以前地方社会教育费占地方教育费总额的比率一直是在 10%以内,直至 1988 年度才突破 10%(10.3%)。而学校教育费包括国家教育费在内的在教育费总额中的比率,1989 年度为 87.6%;地方学校教育费占地方教育费总额中的比率一直是在 80%以上,1988 年度为 85.8%。与学校教育费相比,社会教育费的规模还是不大的。

2. 社会教育费的负担划分

日本社会教育财政的负担划分,原则上是按国家及市镇村的行政划分或事业运营责任之多寡来决定的。由于社会教育行政中的地方分权主义,特别是市镇村第一主义的原则,所以在财政上市镇村也发挥着中心作用,其余的根据其权限的归属情况,由国家或都道府县负担。因此,从国家、都道府县和市镇村的社会教育费的负担关系来看,地方费特别是市镇村的社会教育费占主体,这与学校教育的情况正好成相反的关系。表4-4是1951—1985年度日本地方社会教育费中不同财源所占的比重表。从中,可以看出市镇村的经费一直维持在60%以上的水准,其次是都道府县支出等,占15%左右,国家负担经费一直维持在7%以内。

表4-4 日本社会教育费财源构成(单位:%)

年度	国库补助金	都道府县支出金	市镇村支出金	地方债	捐款
1951	1.0	21.9	72.3	0.3	4.6
1955	1.9	16.9	78.4	0.2	2.6
1960	2.62	3.8	66.8	2.9	3.9
1963	2.7	18.7	69.6	6.2	3.0
1965	3.6	18.2	67.1	8.5	2.6
1967	3.6	20.6	64.1	9.5	2.1
1970	3.9	21.4	62.3	11.4	0.9
1972	4.8	18.5	60.4	15.3	0.9
1975	6.9	15.8	62.6	14.1	0.6
1977	6.6	14.8	64.0	14.1	0.6
1980	6.2	13.0	61.9	17.1	1.8
1982	6.4	13.0	63.1	17.0	0.5
1985	4.1	15.2	67.7	12.7	0.3

资料来源:①1951年的数字出自,[日]文部省社会教育局编,《社会教育的进展与现状——纪念社会教育法施行30周年》,1980年,第136页。

②1955—1963年的数字出自,[日]文部省,《我国的社会教育——现状与课题》,帝国地方行政学会,1965年,第198页。

③1965—1985年的数字系根据《日本教育年鉴》,1989年,第234页。

3. 社会教育费的支出结构

日本社会教育费的支出项目大体上可分为三大类:①人事费、需要费等消费支出;②土地、建筑物、设备等资本支出(投资经费);③地方债的债务偿还费。下表是日本社会教育费不同项目支出的实际数额、指数及构成比率。从表4－5中我们可以看出,1965年社会教育费中的消费支出与投资支出占总额的比率分别是53.2%和44.8%。而1970年则分别是42.0%和54.4%,开始发生逆转,这与20世纪70年代日本扩充社会教育设施有关。资本支出大多靠地方债这一借款来维持,所以,资本支出的增加也带来了债务偿还费的飞跃上升,其构成比率由1970年的3.6%上升到1985年度的14.5%。

表4－5　日本不同项目支出的社会教育费

(单位:百万日元)

年度	消费支出	指数	比率	资本支出	指数	比率	债务偿还	指数	比率
1965	21 768	100	53.2	18 360	100	44.8	81.2	100	2.0
1967	29 271	134	48.6	29 428	160	48.9	1 496	184	2.5
1970	53 608	246	41.9	60 575	378	54.5	4 623	569	3.6
1972	82 674	380	40.9	110 244	600	54.5	9 399	1 158	4.6
1975	181 133	832	47.4	176 368	960	46.2	24 522	3 019	6.4
1980	376 543	1 729	39.2	502 490	2 736	52.7	73 463	9 049	7.7
1982	458 480	2 106	40.9	546 456	2 976	48.7	117 103	14 421	10.4
1985	567 442	2 606	46.3	480 417	2 616	39.1	177 806	21 897	14.5

资料来源:[日]日本教育年鉴刊行委员会编辑,《日本教育年鉴》,行政出版社,1989年,第235—236页。

　　日本文部省的地方教育费调查报告书一般把社会教育费分为以下8个领域:①公民馆费;②图书馆费;③博物馆费;④青少年设施费;⑤体育设施费;⑥其他设施费;⑦文物保护费;⑧教育委员会活动费。下表是日本1965—1989年间不同领域的社会教育费分配情况。从表中我们可以看出,1965—1970年间,公民馆费占的比重最高,1975年以后体育设施费开始取代了它的位置。当前,体育设施费仍居首位,但图书馆费略超于公民馆费,其余相差无几。

表4－6● 1965—1989 年间日本不同领域的社会教育费

(单位:百万日元)

年度	公民馆	图书馆	博物馆	青少年设施	体育设施	其他设施	文物保护	教委活动
1965	11 777 (28.7)	6 002 (14.7)	1 092 (2.7)	—	10 675 (26.1)	3 390 (8.3)	1 201 (2.0)	6 802 (16.6)
1967	14 420 (24.0)	8 834 (14.7)	2 004 (3.3)	3 088 (5.1)	17 132 (28.5)	3 904 (6.5)	2 371 (3.9)	8 443 (14.0)
1970	33 779 (26.4)	16 197 (12.6)	5 123 (4.0)	9 621 (7.5)	33 107 (25.9)	9 178 (7.2)	6 577 (5.1)	14 223 (11.1)
1972	52 251 (25.8)	23 299 (11.5)	7 900 (3.9)	15 557 (7.7)	51 415 (25.4)	18 343 (9.1)	11 996 (5.9)	21 556 (10.7)
1975	95 279 (24.9)	44 570 (11.6)	16 362 (4.3)	24 129 (6.3)	97 109 (25.4)	39 440 (10.3)	23 985 (6.3)	41 152 (10.7)
1977	132 748 (24.8)	61 692 (11.5)	27 878 (5.2)	31 196 (5.8)	145 490 (27.2)	55 206 (10.3)	26 610 (5.0)	53 465 (10.0)
1980	209 392 (21.9)	103 957 (10.9)	57 227 (6.0)	52 415 (5.5)	272 077 (28.5)	118 526 (12.4)	60 699 (6.4)	78 382 (8.2)
1982	231 613 (20.6)	132 175 (11.8)	101 264 (9.0)	63 401 (5.7)	332 712 (29.7)	120 674 (10.8)	56 523 (5.0)	83 677 (7.5)
1985	240 761 (19.6)	143 405 (11.7)	103 046 (8.4)	69 692 (5.7)	357 753 (29.1)	148 754 (12.1)	68 346 (5.6)	93 907 (7.7)
1989	276 207 (15.8)	222 354 (12.7)	167 279 (9.5)	86 343 (4.9)	544 201 (31.1)	225 073 (12.8)	105 345 (6.0)	125 208 (7.1)

注:括号内数字为该领域经费占该年度社会教育费总额的比率。

资料来源:根据以下资料编制而成:

①[日]日本教育年鉴刊行委员会编,《日本教育年鉴》,行政出版社,1990 年,第 235—236 页。

②[日]文部省,《文部统计要览》,1992 年,第 158 页。

表 4-7　1995、1996 年度日本不同领域的社会教育费

（单位：亿日元）

区分	1996 年度	1995 年度	增减额	增长率%
社会教育费总额	28 063	28 025	39	0.1
消费支出总额	12 766	12 182	584	4.8
资本支出总额	10 238	11 434	△1 196	△10.5
债务偿还总额	5 059	4 408	651	14.8
公民馆费	3 300	3 309	△7	△0.2
消费支出	2 061	2 029	32	1.6
资本支出	791	847	△56	△6.6
债务偿还	448	432	16	3.7
图书馆费	3 369	3 506	△137	△3.9
消费支出	2 007	1 901	105	5.5
资本支出	887	1 211	△323	△26.7
债务偿还	475	394	81	20.5
博物馆费	2 985	2 901	84	2.9
消费支出	1 250	1 152	98	8.5
资本支出	1 148	1 215	△67	△5.5
债务偿还	587	533	54	10.1
体育设施费	8 940	9 068	△128	△1.4
消费支出	2 570	2 418	152	6.3
资本支出	4 238	4 875	△637	△13.1
债务偿还	2 132	1 775	357	20.1
青少年教育设施费	1 218	1 103	115	10.4
消费支出	685	651	35	5.3
资本支出	340	274	66	23.9
债务偿还	192	178	15	8.2

区分	1996 年度	1995 年度	增减额	增长率%
妇人教育设施费	51	66	△15	△22.7
消费支出	40	43	△3	△6.3
资本支出	4	15	△10	△69.2
债务偿还	7	9	△2	△24.9
文化会馆费	2 580	2 571	9	0.4
消费支出	733	679	54	7.9
资本支出	1 228	1 323	△96	△7.2
债务偿还	620	569	51	9.0
其他社会教育设施费	2 035	2 030	5	0.3
消费支出	690	685	5	0.8
资本支出	918	972	△54	△5.6
债务偿还	427	373	54	14.5
教育委员会社会教育活动费	1 913	1 863	50	2.7
消费支出	1 806	1 763	42	2.4
资本支出	94	91	3	2.9
债务偿还	14	9	5	56.3
文物保护	1 672	1 610	62	3.9
消费支出	925	861	64	7.4
资本支出	590	611	△21	△3.5
债务偿还	157	137	20	14.6

注:△符号表不减额。

资料来源:[日]《教育委员会日报》,1998 年 8 月。

　　总之,从以上 30 多年间(1965—1996 年),日本社会教育费的各种变化中,我们可以看到,随着日本经济的发展,日本社会教育设施得到了扩充,但由于资本支出依靠地方债的较多,因而又增加了地方自治体的债务偿还负担。物资设施虽然建设起来了,但消费支出却不能充分保证,而要提高社会教育的水平,二者必须兼而有之,方可得以实现。

第五章　国外教育财政的基本特征、发展趋势及对我国的启示

第一节　美国教育财政的特点及对我国教育财政的启示

中美两国虽然社会制度不同,但在遵循教育规律所形成的经验是可以相互借鉴的。特别是我国正处于社会主义市场经济建设时期,要求教育必须与之相适应,吸取美国的经验和教训更具有现实意义。

(一)多渠道筹措教育经费

美国教育经费来源呈多元化特征,除政府拨款、学费外,社会捐赠、高校服务社会收入也占有很大比例。我国是发展中国家,底子薄,经费少,更应多渠道筹措教育经费,鼓励社会团体、开明人士捐赠教育经费。大力推广校企合作,以发挥高校优势,为地方服务,为社会服务。

(二)发挥政府的主渠道作用

尽管美国教育经费来源已经呈现多元化特征,但政府投资仍然发挥着保证学校基本运转的主渠道作用。教育经费是教育得以维持和发展的物质基础。其经费如果主要来自国家,就可以保证国家对教育的调控,使教育更好地体现政府的意志。我国具体情况是人均收入较低,收费要适当,所以政府对教育投资更应起到主要作用,提供能维护学校正

常运转的经常费用,而且应该有必要的法律保证。

(三)合理科学地划分教育管理权限

在社会主义市场经济条件下,政府转变教育管理职能的主要标志是从对学校的直接行政管理逐步过渡到对学校的宏观调控。要实现宏观调控,教育投资是最重要的调控手段之一,全面、系统地把握教育投资的调控规律,利用好这一规律,将有利于我国教育资源的合理配置。在国家整个教育管理体系中,要合理地、科学地划分教育管理权限,即要改变国家对教育集中管理的局面,合理划分中央、地方、学校三者的管理权限,并形成一套相互平衡和制约的机制。

(四)完善我国的高等教育学生资助体系

中国的学生资助领域并不是一片空白,奖学金、助学金、勤工俭学等制度实施多年,有一定的经验和基础,但也必须看到,原来的学生资助制度是计划经济下的产物,产生于高等教育免费的年代,缺乏为学生贷款方面的实践,其资助面广、资助额低的特点并不能适应现在和将来高等教育的收费要求。从理论上讲,收费和资助是一个问题的两个方面。目前,中国的高等教育收费在全国推广并普及,因此需要一种完善的学生资助制度作为配套措施来推进高等教育的发展。

关于完善中国的高等教育学生资助体系有以下几点建议:

1. 变"暗补"为"明补",使学生资助明朗化。从表面上看,中国的学生资助数额很有限,现行专业奖学金最高额为每人每年 400 元(1995年),而学费标准每人每年 1 200 元,根本不够交纳学费,更谈不上支付生活费。而实际上,国家每年为高等院校补贴了大量资金,不仅体现在低学费标准上,而且体现在对学校食堂的伙食补贴上。明智的做法应该是变暗为明,一方面提高学费标准,使之到位,另一方面提高学生资助标准,并拉开档次,使有限的资助经费用到真正需要的人身上。

2. 学生资助体系以贷款为主,以其他资助形式为辅。中国是一个发展中国家,很难拿出大量资金作为助学金和奖学金来资助高等院校的学生,大部分学生也很难交纳高额学费来接受高等教育,贷款既可以解决学生的燃眉之急,又可以回笼资金缓解国家的财政困难;既符合高等教育成本应该由国家和个人来分担的原则,又能在目前中国只能允许百分之几的人接受高等教育情况下以最为公平的方式资助受教育者。以贷款为主,辅以奖、助学金和勤工俭学等形式的资助体系最为适合中国的国情。

3. 可借鉴美国的经验,从我国实际出发,研究建立比较规范的工读办法(包括合作教育,勤工助学,研究生担任教学助教、研究助理、管理助理等等);研究制定各类地区、各类学校、各类学科、专业的合理的学费标准和贷学金标准以及还贷机制;研究制定鼓励个人、企事业(公、私法人)、社会团体等进行教育投资(包括捐赠)的政策以及为某一专项需要而试行发行教育公债等。

4. 建立简单明确的学生资助体系。所谓简单,一是确立尽可能简单的资助方式,二是尽可能简化每项资助的管理。例如学生贷款,就没有必要效法美国式的担保贷款,因为中国商业银行不发达,在政治体制上又属于中央集权制,所以由中央出面成立一个专门机构,如教育银行来实施直接贷款就比较合适。所谓明确,是中央、省、学校在学生资助体系中的作用要明确,如中央负责筹集资助资金和直接贷款的管理,学校负责具体申请及发放的管理,省则负责协调本地高等学校的学生资助,让学生资助更好地引导高等教育为本地的经济建设服务。

第二节　英国教育财政的基本特征、发展趋势与启示

在从纵——历史发展和横——不同类型的教育财政这两个维度对

英国的教育财政进行了探讨之后,我们不难得到这样的认识:教育财政作为整个教育行政制度的一个方面,它的发展除了受教育行政制度制约外,还受到社会经济发展和历史传统的影响,并明显地带有这些因素影响的印记。从教育行政体制来说,英国是地方分权制的国家,但它又不同于美国的地方分权,中央与地方在长期的发展过程中形成了"伙伴关系",共同承担教育财政责任,而又互有侧重。另外,英国教育在长期的发展过程中还形成了民间办学、大学自治与高等教育双重制等传统,这一切使英国教育财政具有以下特征。

(一)英国教育财政的基本特征

1. 英国大部分教育经费由地方教育当局负担,中央对地方教育经费提供补助

英国教育经费由中央和地方共同负担,但英国中央政府一般只直接负责高等教育的财政,而基础教育、成人教育及其他类型的教育经费主要由地方教育当局负担,由中央政府对地方教育当局给予补助。1900年度,中央政府给予地方的补助金占地方教育经费的 56.4%,1910 年度占 48.5%,1920 年度占 56.1%,1930 年度占 53.2%,1938 年度占 49.5%,1950 年度占 61.6%,到 1965 年以后,中央政府负担地方的教育经费一般占 60%。地方教育经费中不足的部分由地方税支付,所占比例,1900 年度为 43.6%,1910 年度 51.5%,1920 年度 43.9%,1930 年度 46.8%,1938 年度 50.5%,1950 年度 38.4%,1965 年以后,地方税负担的教育经费一般为 36%左右。

2. 教育财政立法包含在普通的教育法之中

由于所属法系、立法传统和习惯的差异,英国没有制定像日本的《义务教育费国库负担法》,美国的《1984 年拨款法》等专门的教育财政法,其有关教育财政的内容都包含在其他的教育法之中,教育财政作为教育立法内容的一部分,成为国家加强对教育改革与管理的手段,英国几部有

重大影响的教育法案,如初等教育法、巴尔福尔法、费舍法案等都有这一特征。以 1988 年颁布的《教育改革法》为例,该法的目的是要把先进的科技知识和技能渗入到课程之中,强化中央政府的权力,提高教育质量。于是,该法把教育经费改革置于整个教育改革之中,对地方教育当局维持学校的经费、国务大臣承担资助学校的义务、确定获得直接拨款公立学校资格的程序、继续教育和高等教育基金资助计划、教育基金委员会的职能等进行了改革,以教育财政改革支持和保障教育改革。

3. 不同类型的学校,经费来源不同

英国实施中等教育的学校有公立中学和独立学校系统的"公学",即私立学校。高等教育有大学和公立高等教育学校及私立大学。公立中学经费主要来自地方教育当局,而私立中学经费主要来自学费、私人捐赠和其他资助。英国大学是独立、自治团体,1988 年以前,经费主要来自中央政府,但政府为大学提供的经费并不直接拨给各个大学,而是由中介组织——1919 年成立的"大学拨款委员会"来负责,形成了政府单渠道为大学分配教育经费的模式。英国公立院校的经费主要来自各地方教育当局。20 世纪 70 年代建立的私立白金汉大学,经费和实施中等教育的私立学校一样,主要来自学费和其他的资助。这种在不同学校之间经费来源的显著差异也是英国教育财政的一个特征。但在高等教育领域,近年来由于政府实施了一系列的改革,这种差异正在消失。

(二)英国教育财政的发展趋势

1988 年,英国政府颁布了《教育改革法》,标志着战后 40 多年来最为重要的教育改革拉开了序幕,它为从 20 世纪 80 年代末开始起直到 21 世纪英国的教育发展勾画了蓝图。这次改革是保守党政府在经过两届政府的酝酿准备之后,在吸收了经济改革的成功经验之后,才开始在教育领域进行的。从 1988 年的教育改革法以及之后出台的一系列改革措施中可以看到 20 世纪 70 年代末以来盛行的"撒切尔主义"对教育发展的

影响。

"撒切尔主义"实际上是强调"自由市场"的新自由主义与强调"服从国家与强大的政府"的新保守主义两种哲学社会思潮的"矛盾统一体"。这种矛盾性也充分地体现在1988年及此后的教育改革中,即一方面加强中央控制,另一方面推行"市场化",受其影响,英国教育财政发展出现了以下的趋势。

1. 增强市场的性质

英国在基础教育、高等教育与成人教育等领域都表现出了这一趋势。在基础教育领域,从市场理论的角度看学校,政府一直试图使消费者通过选择学校来影响学校的财政收入,从而促使各校之间展开竞争,提高办学效益。在高等教育领域,中央政府首先取消了对高等院校经费包干的办法,代之以具体的协商和订立合同。政府把自己看作是投资者,通过中间人——大学基金委员会,与被投资者——高等学校就经费的数量、用途、效果等方面进行讨价还价,鼓励各院校为争取经费而展开竞争。其次,政府把长期以来施行的奖学金制度改为贷款制度,打破了由国家承担学生学费与生活费的传统,使学生把学习与市场前景联系起来。第三,政府鼓励高等院校加强与工商企业界的联系与合作,签订科研、教学与服务方面的合同和协议,开拓资金来源渠道,减少对公共资金的依赖,迫使高等教育在今后的发展过程中转向市场。在成人教育领域,1988年的教育改革法规定,以"大学基金委员会"取代"大学拨款委员会",这标志着自1924年以来责任团体中的大学校外课程部向教育部申请补助的历史随之结束。1992年《继续与高等教育法》还决定在英格兰和威尔士分设"继续教育基金会",把继续教育学院从各地方教育当局的控制中分离出来,使它们像大学一样,以竞争的方式向委员会申请经费,这成为政府推行"市场化"的又一方面。

2. 扩大社会参与,增加经费来源渠道

随着英国教育财政体制市场性质的增强,扩大社会参与,增加经费

来源渠道成为英国教育财政发展的又一必然趋势。在基础教育领域，1988年的教育改革法确立了"直接拨款学校"政策。根据规定，这类学校的办学经费主要由教育科学大臣通过中央拨款的形式向学校直接提供，地方教育当局负责提供学校的基建、交通以及学生福利方面的费用。1991年，随着直接拨款学校数目的不断增长，英国政府对中小学教育体制进行了新的改革，通过了1993年教育（学校）法，规定设立"学校基金处"，取代原来教育部对直接拨款学校的拨款。学校基金处由10—15名成员组成，由国务大臣任命，其中大部分来自教育以外的工商业界。在高等教育领域，1988年的教育改革法规定以新成立的大学基金会取代大学拨款委员会，1992年又决定以高等教育基金会代替大学基金委员会，并规定在基金会中要有"强有力的工商业界人士"。这些改革，其目的都是为了加强学校与工商业界的联系，扩大社会参与，拓宽教育经费的来源渠道。

（三）启示

教育财政是教育事业生存和发展的基础，是教育行政体制顺利运行的关键。通过对英国教育财政的探析，我们不仅能够看出社会制度、经济发展和教育文化传统等因素对教育经费来源渠道、分配方式等的影响，了解英国教育财政的特征及发展趋势，从中还可以获得一些对我们可资借鉴的启示。

1. 政府应保证教育经费的基本需求

教育事业，不同于一般产业能直接为社会创造经济价值，它是一种消费性的事业，这需要我们具有战略眼光，把教育视为国家、社会生存与发展的重要基础，政府对其所需的基本费用给予保证。1870年，英国初等教育法颁布后，又相继颁布了一系列有关初等教育的法案，提出普及初等教育，但由于民间办学等传统的影响，政府对普及初等教育认识不足，投入也不足，致使普及初等教育难以落实，直到1891年随着中央补助金的不断增加,实行免费后,才真正地实现了普及初等义务教育。英国普及中等教育也经历了同样的过程。这说明政府给予必要的经费是保障教育事业发展的前提。1985年,我国政府提出了实行九年制义务教育,并确立了"基础教育由地方负责,分级管理的原则",义务教育投资全部下划到地方财政,由地方政府全部负责对义务教育的投资。这种高度分散的义务教育投资体制使义务教育的发展完全受制于各地经济发展水平、财政收支状况和地方政府领导人对义务教育的认识。由于我国幅员辽阔,各地经济发展水平不一致,而各地方领导人的教育意识也存在差异,这势必造成各地义务教育发展不平衡。一些地区,不可能用更多的财力支持义务教育,这必然造成义务教育经费短缺。因此,对于事关民族整体素质的义务教育,在确立由地方负责管理的同时,在财政上,英国普及义务教育的经验值得我们借鉴,即中央政府视各地情况给予财政补助,保证教育经费的基本需求,从而使全国的教育事业在同一个水平上发展,最终实现既定的目标。

2. 建立贷款制度

1997年,我国高等教育在经历了几年招生"双轨制"的实践之后,全面实行并轨招生。这意味着高等教育"谁受益,谁交费"的思想从几年前的理论认识而走向了实际运作,交费上大学成为必然。然而,在建立收费制度的同时,我们应该清醒地认识到,由于各种因素的影响,在制定科学合理的收费标准,防止高收费或变相高收费现象出现的同时,我们还要下大力气解决好学生上学问题。

3. 建立社会参与机制

扩大社会参与,增加经费来源渠道,这是80年代以来英国及其他西方国家教育改革在财政方面表现的共同趋势。从我国的国情来看,长期以来的实践也证明,单一靠国家办教育,尤其是高等教育的格局已影响了我国教育事业的进一步发展。因此,对于现阶段我国的教育事业来说,应在国家承担教育经费的前提下,制定必要的政策,鼓励学校特别是高等学校通过创办教学、科研和生产联合体,加强与企业联系,转让技术,出售专利,为社会提供多种多样的服务,建立起真正的社会参与机制,多渠道筹集资金,提高办学活力,推动我国教育事业更加有效快捷地向前发展。

第三节 日本教育财政的基本特征、发展趋势与启示

(一)日本教育财政的基本特征

1. 加大教育经费投入,以保证人力资源开发

众所周知,日本国土狭小,自然资源贫乏。战后之所以能在短短的时间里,从战争的废墟上建成一个发达的经济强国,原因是多方面的。而其中最重要的就是日本非常重视教育,注重开发人力资源。对此,日本人几乎众口一词,无不引为自豪。前文部大臣荒木万寿夫曾经说过:"从明治以来,一直到今天,我国的社会和经济的发展,特别是战后经济发展非常惊人,为世界所重视。造成这种情况的重要原因可归结为教育的普及与发展。"[①]前首相福田赳夫也曾指出:"资源小国的我国,经历诸多考验,得以在短期内建成今日之日本,其原因在于国民教育水平和教育普及的高度。"[②]对此,也为世界各国刮目相看。

教育投资的多寡是一个国家教育政策的体现。正由于日本重视教育,因此也特别重视教育投资,认为教育投资就是人力资源开发的投资,就是生产性投资,是一本万利的事情。为此,不惜巨资用于教育。战后教育费的增长速度是惊人的。无论是在经济高速增长和国民生产总值最高的年度,还是在经济状况不佳、国民生产总值下降的年度,都保证了教育经费有较大的增长。如 1965 年,实际国民生产总值增长 5.7 010,国

---

① [日]文部省调查局编:《日本的成长和教育》,帝国地方行政学会,1962 年,第 1 页。
② [日]《东京新闻》(夕刊),1977 年 1 月 31 日。

民收入增长 12.1%,而教育费增长 13.5%。

2. 重基础教育,将普及义务教育置于首位

战后,日本作为实现"教育机会均等"的重要一翼,就是重视小学和初中九年义务教育,将普及义务教育列为重要国策,借以普遍提高国民的文化素质。在此基础上逐步向高层次延伸,发展后期中等教育和高等教育,培养高级专门人才。为此,他们实行义务教育费国库负担制度。对义务教育采取无偿制、免费提供教材等。日本大藏省每年都对义务教育国库负担金实行大型补助制度。如 1985 年度,占国家总预算 14% 的文部省预算额为 45 741 亿日元,其中有 23 340 亿日元用于义务教育,占 53.2%。① 义务教育一直是日本教育投资的重点。无论是战后初期日本经济濒于枯竭、百废待举的情况下,还是经济高速增长时期,或是紧缩开支的年代,都大力增加教育投资并一直坚持将教育经费的半数左右用于义务教育。所以,日本中小学能从战后"牛棚教室""露天教室"等几乎荒废的状况,到 1976 年的短短 30 年里,很快普及了九年义务教育,进而发展了后期中等教育和高等教育。日本国民的文化教养普遍提高,为日本进入信息化社会和知识密集型产业以及发展尖端科学技术奠定了良好基础。

3. 保持公共教育投资高于或与国民收入同步增长

如前所述,战后日本教育投资保持了高于国民收入的增长或与之同步增长的态势。以 1970—1982 年为例,国民收入年均增长 11.7%,而公共教育投资年均增长率则为 15.8%。从总的来看,教育投资超出了国民收入的增长速度。从具体来讲,有的年度二者增长速度旗鼓相当,但绝大多数是超过了前者的增长。实践证明,日本对教育投资所采取的这种比例是成功的,是适应日本社会和经济发展的。日本采取这种投资比例的可行性,最根本的就在于它有稳定的、较长时间的、较高的经济增长

---

① [日]文部省大臣官房编:《文部时报》,1985 年第 4 期,第 86 页。

率。它从 1955 年到 1974 年保持了长达 20 年的经济高速增长期,国民生产总值平均年递增 10%。这是确保教育投资保持高水平的最主要、最根本的依据。换言之,它有雄厚的积蓄。其次是日本政府在财政上采取了紧缩开支、降低消费等政策,以保证重点项目的投资。教育投资就是其重点之一。仅就消费支出而言,以 1970 年为例,日本政府本身的消费开支仅占国民生产总值的 12.5%。它大大低于其他几个发达的资本主义国家,仅相当于同期美国该项支出的 45.6%、英国的 47.9%、西德的 43.7%、法国的 43.4%。这就为公共教育费投入保持超国民收入的增长或与之同步增长提供了前提条件。日本公共教育投资的增长,无疑为其教育事业的迅速发展和及时向产业界输送各种人才发挥了重要作用。

4. 根据需要,不断调整教育投资结构

日本根据国内产业经济、社会以及文教等发展的情况,不断调整教育投资比例。从 20 世纪 60 年代末起,尤其 70 年代之后,随着科学技术和社会的高度发展以及对人才的需要,加强了高等教育和研究生教育以及社会教育,逐步调整了教育经费的投资结构,采取适当控制义务教育经费所占比例,增加幼儿园、后期中等教育和高等教育的投资。如 50 年代初,义务教育费一直保持在占学校教育费的 70% 以上,而到 60 年代末,已控制在 50% 左右。可以说,在坚持以义务教育为投资重点的原则下,开始往高层次发展。

特别值得注意的是近年来日本在"科技立国"的战略思想指导下,为适应新技术革命的需要,培养大批富于创造力、能攻坚的开拓型高级科学技术人才,采取了大力整备和充实高等教育、振兴学术、增加科研经费等措施。除新建一些大学外,对于一些新的世界科技尖端项目的研究课题特殊提供优厚的费用。在学校建设方面,投资重点是教育设备的更新、教育手段的现代化和增设科研机构。日本政府在重视九年义务教育、重点投资于九年义务教育的前提下,随着现代科学技术的发展以及新技术革命对人才的需要,将教育投资的比例进行了合理的调整,适时转向普及后期中等教育,大力发展高等教育和社会教育,注重培养创造性的开拓型人才等。

5. 实行官民共同分担政策,充分发挥民间活力

日本在教育上采取积极鼓励私人办学和国家予以补助的政策。目前,除九年义务制学校是国立和公立占主导外,约有近 72% 的幼儿园(在籍儿童占 79.6%)、32% 的高中(在籍学生占 29%)、82% 的短大(在籍学生占 92%)、73% 的大学(在籍学生占 74%)、90% 的专修学校和 98% 的"各种学校"(在籍学生占 90% 以上)均为私立。这些私立学校的经费主要靠自筹资金和学生的学费。政府为了维持其教育质量,提高其教育水平和条件,减轻学生的经济负担,根据《私立学校振兴助成法》,对其进行经常费补助。以 1984 年为例,国库对私立大学补助 2 438.5 亿日元;对私立高中补助 716 亿日元,地方交付税为 2 315 亿日元,二者合计为 3 031亿日元,[①]此外,还通过私学振兴财团实行长期低息贷款等,采取许多振兴措施。这种官民共同担负教育责任的做法,充分调动了国家和国民两个积极性,发挥了地方、企业、团体和私人等民间的活力。

6. 采取有效措施,提高教育投资的经济效益

日本教育投资的一个重要特征就是不仅大力增加经费开支,而且十分重视提高投资的经济效益。其主要标志是,挖掘潜力,最大限度地发挥投资的作用,为社会培养各类所需人才,使从事生产活动和经济活动的劳动者队伍的质量发生巨大变化,从而促进经济的发展。其做法主要是:

第一,合理调配教育经费的比例,做到财尽其用。根据每个时期经济、科技以及社会发展的情况及需求,不断调整各项的经费,使分配结构趋于合理化。

第二,充分挖掘教育机构的潜力,最大限度地发挥它们的作用。为

---

① [日]文部省大臣官房编:《文部时报》,1985 年第 4 期,第 36、37 页。

此,日本有不少大学设二部制或夜间学部,以充分利用学校的设施和设备。在科研设施方面也是同样。

此外,为充分发挥经费的效益,还规定了一些财务原则,如以最少的经费取得最大效益的原则;制定预算时以合理的基准来计算所需经费的原则;执行预算时,既要达到目的,又要使经费支出限制在最小限度之内的原则;在财产管理上,要求经常处于良好状态,以便发挥最佳效果等等。

7. 健全各种法制,保证教育投资顺利进行

日本素以法制健全而著称于世,在教育财政上也同样。战后伊始,就着重各种教育立法的制定,并随着经济的发展、国家财政规模的扩大予以充实和修改,使之臻于完善。从而保证了各种财政制度的执行,为日本教育的迅速发展和普及提供了极为有利的物质条件。

然而,战后日本在教育财政上一个重要的问题就是家庭对教育费的负担过重。尽管日本政府为振兴私立学校和减轻学生家庭负担采取了一系列措施,然而每个做父母的,都将工资的相当大的一部分用在子女的教育上。学校的学杂费名目繁多,诸如学费、教材费、学习用品费、俱乐部活动费、走读费、毕业纪念费、修学旅行费、参观费、班费、学生会费、设施捐款等。此外,随着日本考试竞争的炽热化和学历社会的进展,近年私塾急增,雇用家庭教师的风气极盛,也增加了家庭对教育的开支。因此,减轻家庭经济负担,不仅是日本教育财政的一大问题,也是教育发展的社会问题。

(二)日本教育财政的发展趋势与启示①

日本临时教育审议会在 1987 年 4 月 1 日提出的《第 3 次咨询报告》中指出:"纵观作为教育财政基础的整个国家财政状况,在今后相当长的

---

① 参见梁忠义主编:《战后日本教育研究》,江西教育出版社,1993 年,第 334—337 页。

一段时期内依然是‘债台高筑,背负的巨额公债,情况极为严重’。"在这种国家财政状况如此严峻的形势下,教育财政的前景也不容乐观,为了确保发展教育事业的公共财政支出,为了使有限的教育经费得到更为合理的使用,该报告就改革教育财政问题提出如下具体措施。

1. 实行教育经费重点分配

根据国际化、信息化和终生教育发展的需要和日本财政状况的实际,今后将各项投资的重点放在振兴教育、科研和文化方面,建立起资源重点分配的体制,简化和放宽有关投资的烦琐手续和不必要的限制,积极创造出一个鼓励向教育投资的良好环境。

2. 理顺在教育财政中政府与民间的分工与协作体制

由于教育、文化、生活水平的迅速提高和国民对教育、科研、文化方面要求的日益多样化,必须重新确立起公共服务形态和以自由竞争与自由参与为前提的民间服务形态的协作体制,明确应由国家或地方财政负责的领域和基本上以依靠民间财力的领域。积极评价民间教育产业与民间教育团体在发展教育事业中的创造活力,并在政策上给予鼓励。

3. 充实教育财政和实行经费倾斜分配

尽管国家财政状况严峻,但也要根据国民和社会的需求,进一步充实教育财政,并按教育改革的要求实行教育经费倾斜分配,保证重点,提高效益。特别是在下述几个方面应该增加教育投入。

(1)基础研究。

(2)发展国际间的交流与协作,发展留学生教育。

(3)发展研究生教育。

(4)努力提高学生的健康水平。

(5)提高师资质量。

(6)发展完善奖学制度。

(7)推动信息化的发展。

4. 提高教育财政的合理化和效率化水平

应该从中央与地方的职责分工及费用负担,业务经营的合理化,受益者适当负担等观点出发,重新评价现行教育财政制度与政策,努力提高教育财政的合理化和效率化水平。

(1)重新评估中央与地方的职责分工和费用负担。

(2)关于国立、公立、私立大学的职责分工和对私立学校补助的问题。国立大学的教学与科研应逐渐将重点转移到形成学术体系核心的基础领域和尖端领域,需要大规模设施和设备的领域以及特殊教学科研领域。公立大学和私立大学除包括上述领域之外,还应在各方面发挥多样的作用,并按上述方向分工协作。鉴于私立学校的重要性,应充分发挥私立学校的独立性和自立性,对具有特色的教学科研项目给予补助。

(3)应进一步实现学校供餐经营管理的合理化,采取多种形式,以期降低学校伙食成本。

(4)在不妨碍教学科研发展的前提下,应该通过出售土地设施、利用土地信托制度等方式进一步利用这些资产,并使资产处理后的收益用于加强教学科研工作。

5. 充分调动民间办学积极性

应放宽有关学校设置、管理、经营上的限制,在处理民间对学校的捐助时灵活利用税制上的措施,简化办理手续。努力通过土地信托等方式尽可能地有效利用教育方面的资产,进一步改进完善产、官、学科研协作体制,探讨发展民间奖学金制度的方法。

6. 减轻家庭教育费用负担

为了确保教育机会均等,在税制改革时应考虑到有高中生、大学生的中、高年龄层家庭的教育费用负担沉重的问题。在发展无息贷款奖学制度的同时,充分利用有息贷款奖学制度,引进多种民间奖学制度,探讨对优秀研究生和从事高水平研究的科研人员同时采用借贷制与无偿支付制的奖学问题。

我国实行"科教兴国"发展战略,提倡"教育先行",重视教育投入。我国的教育经费虽逐渐增加,但与教育发展之间的矛盾依然存在,这也是当今世界许多国家面临的共同问题。因此,借鉴日本教育财政发展的经验,在不断充实教育投入的条件下,实行教育经费的重点分配,采取倾斜政策,提高教育财政的效益和效率,理顺政府与民间的分工与协作体制,充分调动民间办学的积极性,发展借贷与无偿支付的奖学制度,逐步减轻家庭教育费负担等,都是值得研究和总结的实际课题。

第六章　中国教育财政概况

第一节　中国教育财政的历史变迁

(一)中国古代、近现代教育财政概述

中国教育历史悠久。在原始社会后期,约四千年前的虞舜时期,就有了类似的教育机构"庠",承担教育儿童的责任。中国古代学校正式产生在奴隶社会,即从公元前 21 世纪开始。夏代除了"庠"外,还有"序""校"等军事性的教育机构。到了商代,还有了"学""瞽宗"传授礼乐、培养士子的学校。在距今三千多年前的西周,地方各级政权都有了学校,《周礼》记载:"乡有庠,州有序,党有校,闾有塾。"可以说,中国古代学校,首先出现的是官学,即国家和地方政府出资举办的,如后人所说"学在官府"。到了春秋时代,才打破官学一统天下的局面,出现了私学。之后,官学、私学时盛时衰,香火不断。教育财政收支,一直成为影响和制约教育发展的一个重要问题。

中国古代的官学,由国家拨给房舍场地。历史记载,两汉时期,广修校舍,兴办太学,学生达到三万人,是两千年前中外教育史上绝无仅有的。在西汉平帝元始四年(公元 4 年)为学生建筑的校舍,能容生员万人,规模十分宏大。公元 131 年,东汉顺帝批准大臣翟酺请修缮太学的建议"扩建二百四十房,千八百五十室",为此事,太学生还立了一个碑颂扬翟酺的功绩。古代的官学,官府还拨给学校一定数量的田地,称为"学田",以收取地租作为学校经费的主要来源。南唐时,仅"庐山国学"一个学校,便有学田数十亩。国家还规定给不同等级官学的教师以不同的俸

禄。在唐代，中央官学分为二馆六学，即弘文馆、崇文馆和国子学、太学、四门学、书学、算学、律学。教师有博士、助教、直讲三个名称。因学校不同，教师的等级和待遇也不同。博士自正五品到从九品，助教从六品到从九品。据唐代宗在大历十二年（公元 777 年）所定的月俸，博士自 25 贯到 2 贯，助教自 5 贯 300 文到 1—2 贯，差距很大。官学的学生入学时，要送教师"束脩"之礼，类似现代的学费。唐代规定，中央的国子学、太学每生送绢三匹，四门学每生送绢二匹，律、算、书学每生送绢一匹。地方州县学生，每生入学要送绢二匹。另外，每个学生还要送酒一壶、肉一案。每生所送"束脩"分为 5 份，博士得 3 份，助教得 2 份。在汉代，太学生分为正式生和特别生两种。正式生由朝廷九卿之一、掌管宗庙礼仪和选试博士的大臣"太常"推选，入学名额有限，不交学费而且还有官俸。特别生是地方选送的"好文章、敬长上、肃政教、顺乡里、出入不悖"的地主阶级子弟，入学名额不定，但要费用自理。传说有的太学生替同学烧饭挣钱，有的太学生母亲织布或跟到长安城做鞋，以供其子读书，就是指这些"特别生"的情况。

中国古代教育中，官学时兴时废、时盛时衰，其主要的原因之一，便是教育财政的问题。从汉代到清代，莫不如此。仅以唐代和清代为例：唐初，国家昌盛，经济发达，便大兴官学。唐太宗贞观六年，尽召天下惇师老德以为学官，广学舍 1 200 区，增益学员，学生达 3 000 多人。贞观十三年（公元 639 年）六学二馆学生达 8 000 多人。可是到了唐代中叶，由于政治混乱，战争频繁，财政困难，学校教育日渐衰微。公元 766 年，唐代宗下制说道："太学空设，诸生盖寡；经诵之地，寂寂无声；函丈之间，殆将不扫。"可见学校荒废到相当严重程度。唐德宗继位后，诸道用兵，财政愈加困难，向富商拷索，无补于事；巧法聚敛，终不能给，学校教育更加衰败。到唐宪宗元和二年（公元 807 年），中央官学只有 650 名学生，生员数仅为贞观年间的十分之一。进入晚唐，由于教育财政拮据，学校到了无法维持的地步。唐宪宗元和十四年（公元 819 年）太子少师奏请朝廷一至九品文官，将每月所得料钱,每贯抽十分修缮中央官学,教育经费穷困之状可见一斑。

清代初年,由于社会生产力遭到破坏,教育经费不足,书院不甚景气。18世纪初,清政府规定"盛世滋丁,永不加赋",后来又将丁税摊入田赋中征收,使资本主义萌芽有了缓慢的发展,教育财政也有了较大改善。雍正十一年(公元1733年),朝廷下令各省省城设立书院,并各给予1 000两银子作为开办营建的经费,此后各省设立书院便逐渐增多。仅吉林省到清末,从无到有,建立了11所书院。其经费除官府拨款外,还有绅商捐款。如同治十一年(公元1872年),新创建的位于吉林府朝阳门内的崇文书院,官府拨13 900两白银,士绅捐助600两白银及189垧地租收入。

中国古代私学的产生虽晚于官学,却一直延续不断,有的时期还盛过官学,成为中国漫长的封建社会学校制度的重要组成部分。春秋时期的孔子首创私学,战国时期私学大盛。秦代焚书坑儒,不设官学,又禁私学,可是私学禁不住,仍在各地存在。汉代之后,直至清代,私学一直比较繁盛,其数量超过了官学。办私学,必须有必要的教育资源。统观私学办学者,从春秋战国到唐宋明清,几乎都是贵族地主与退职官宦人士、富贵殷实之家,有广泛的社会关系,因此,有办学的经济实力。如孔子出身没落贵族家庭,26岁开始为官,56岁升为鲁国代理宰相。墨子,手工业者家庭出身,有一手精湛的制造器械技术,也曾做过宋国的大夫。孟子是贵族后代,一生的出入进退与孔子相似。荀子在齐国稷下游学,食大夫禄,号称列大夫,后又尊称为卿。西汉董仲舒,出身于大地主家庭,做过宰相。东汉的王充,唐代的韩愈,南宋的朱熹,明朝的王守仁等兴办过私学的人,都曾做过官吏,家庭有一定的经济实力。清代的颜元虽出身农民家庭,但19岁中秀才,平时生活也非贫困之状,他设私塾教授过100多弟子,其中李塨、王源等均为清初著名思想家、哲学家。年轻时设馆培育学童,晚年掌教金华书院的戴震,是小商人家庭出身,做过清政府四库馆的纂修官,有广泛的工商业者社会关系。

中国古代的私学办学者,除了要有一定的经济实力外,办学过程中都曾得到过社会的赞助。五代时期,许多名儒开学馆、设书院,先后得到后蜀大臣毋昭裔百万私财的资助。宋初应天府书院150间房舍,是庶族地主曹诚出资建造的。

入私学的学生,还要缴纳"束脩",即学费。春秋时期,做孔子的学生,入学时要送十条干肉做见面礼。之后,各朝代私学的学生均要缴纳学习费用。据吉林省教育志记载,清代私学有两种,一是专馆,由殷富人家自备馆舍,聘请塾师教育子弟,供给塾师生活费用或支付较高的"脩银";二是散馆,塾师自己寻馆招生,根据学生入学年级或学习内容深浅收取不等的报酬。

中国古代学校教育机构一般称为"学"。1902年在《钦定学堂章程》中改称为"学堂"。1912年,中华民国成立后,颁布了《壬子癸丑学制》,将"学堂"改为"学校"。教育财政问题,在清末和民国期间也有了较为详细的记载。仅以吉林省为例,说明如下:

清宣统元年(公元1909年),吉林省省立学堂和省直属教育机关、事业单位的全年经费为吉平银335 791两。其经费来源及各项经费的比例见表6—1。

表6—1　清宣统元年吉林省教育经费来源构成及所占比例

款别	数额(银两)	比重(%)
地方财政拨款	272 879	81.26
公款提充	27 580	8.21
存款利息	6 473	1.93
学生缴纳	2 304	0.69
产业租入	1 905	0.57
杂入	1 962	0.58
派捐	20 774	6.19
乐捐	1 914	0.57
合计	335 791	100.00

资料来源:见《吉林省志卷37,教育志》,吉林人民出版社,1992年8月,第510页。

再据清代学务统计资料提供的数据,清宣统元年(1909年)吉林省省直教育单位经费使用的情况见表6—2。

表6—2　清宣统元年吉林省教育经费使用项目支出及比例

项目	数额(吉平银两)	比重(%)
职员薪金	87 644	13.78
教员薪金	131 362	20.65
仆役工食	40 618	6.38
租息粮税	23 895	3.76
膳食用品	114 940	18.07
试验消耗	11 130	1.75
图书器具	34 442	5.41
营建修缮	58 861	9.25
杂用	133 286	20.95
合计	636 178	100.00

资料来源:见《吉林省志卷37,教育志》,吉林人民出版社,1992年8月,第518页。

据吉林省教育志介绍,清末吉林省省立学堂及省直属教育机关和事业单位的经费筹措与调拨,均由省提学使司负责。教育经费极缺,各府、厅、州、县的教育经费更是不敷需要。有的地方因缺少教育经费而解散学堂。长春府在宣统三年曾书面呈请省提学使司并教育总长,因地方财政非常支绌,教育经费所亏甚巨,拟将劝学所所属之城、镇、乡各学堂、宣传所等,自明年正月初一起至六月末一律停办。

1912年,中华民国成立后,由于社会政治经济原因,教育经费仍然十分紧张。教育经费主要由地方教育行政机关筹措,国家偶有补助。地方教育经费除财政拨款外,还有学田收入、学生缴纳学费及社会募捐等。仍以吉林省为例,省拨教育经费及占省总支出的比例见表6—3。

表 6-3　民国时期各年省拨教育经费占省总支出的比例

年份	教育经费(银圆)	省总支出	教育经费占省总支出%	备注
民国三年(1914)	280 000	—	—	拨款数
民国四年	280 000	—	—	拨款数
民国五年	280 000	—	—	拨款数
民国六年	300 000	7 593 135	3.95	拨款数
民国七年	300 000	10 672 269	2.81	拨款数
民国八年	300 000	13 707 315	2.19	拨款数
民国九年	500 000	11 875 029	4.21	拨款数
民国十年	500 000	10 336 528	4.84	拨款数
民国十一年	605 399	12 663 947	4.78	决算数
民国十二年	639 544	11 864 446	5.39	决算数
民国十五年	204 000	15 150 299	1.35	拨款数
民国十六年	228 000	17 153 433	1.33	拨款数
民国十七年	228 000	16 611 355	1.23	拨款数
民国十八年	674 404	18 220 348	3.70	决算数
民国十九年	689 404	27 465 823	2.51	决算数
民国二十年	1 321 658	27 463 187	4.81	预算数

资料来源:见《吉林省志卷37,教育志》,吉林人民出版社,1992年,第511-512页。

据吉林省教育志记载,1912年(民国元年),因缺少教育经费,全省有200多所学校停办。1916年(民国五年),因国拨教育经费仅有28万元,吉林省巡抚具文奏请合并学校,减招学生。1917年,省教育经费减少到20万元,实在应付不了,经省教育厅、省政府多次请求,民国政府才批准补助10万元。从1926年起,教育经费又连续三年降到20万元左右,后来虽有增加,但教育经费占省总支出的比例仍然很小。所以,学校的数量、规模发展很慢,办学条件也难以提高。到1929年下学期,全省只有中学36所,其中省立中学5所,县立中学26所,私立中学5所;在校生

5 400余人,其中初中生约5 000人,高中生约 400 人。其他层次学校的规模、数量也发展不大。如吉林省第一所高等学校是清光绪三十二年(1906 年)创办的吉林法政专门学校(原名法政馆、法政学堂),民国四年(1915 年),因教育经费不足,归并奉天法政专门学校,民国五年(1916 年)十月又恢复原名称,民国七年(1918 年)因校舍被焚又迁至警察传习所院内。这所学校从民国成立到民国十七年(1928 年)并入吉林省立大学为止,17 年间仅毕业了 438 名学生,肄业学生 135 名。

从旧中国的全国形势来看,由于社会生产力水平不高,政治经济腐败落后,教育财政一直困难重重,所以,教育事业非常落后。在人口总量中,80%的人是文盲,各级各类学校在校生仅占全国人口的 5.6%,学龄儿童入学率只有 20%左右。1947 年全国高等学校仅有 207 所,在校生 15.5 万人;1946 年全国中等学校为 5 892 所,在校生 187.9 万人;小学只有 28.9 万所,在校生 2 368.3 万人。而且学校分布和中高等学校专业结构极不合理,中学大多数设在县城以上城镇,农村很少。有些县无中学,有些区、乡无小学。学校 41%设在上海、北平、天津、南京、武汉、广州 6 个城市。国立大学的 40%、私立大学的 46%设在沿海地区。边远地区和少数民族地区学校很少。1946 年新疆只有 1 所新疆学院和 8 所中学,新疆学院只有学生 100 人。宁夏只有 5 所中学,青海只有 4 所中学。全国各级学校的图书资料、教学设备也十分缺乏,教材陈旧落后。

溯源中国古代与近现代教育史,可以简要归纳五点有关教育财政的问题:

第一,教育财政受社会生产力发展水平的制约。社会生产力发展水平低,教育经费的收支就紧张和困难;社会生产力发展水平高,教育经费的收支就宽裕和通畅。

第二,教育财政受社会政治经济发展变化的制约。社会动乱,战事不断,经济衰退,主管财政与教育的官员品格低下、能力平庸,便会造成教育财政的困窘;而社会安定,政治清明,经济繁荣,主管财政与教育的官员廉正有为,便会带来教育财政的富足。

第三,教育财政是制约教育事业发展的关键因素。教育事业的发展受多方面因素的影响,然而,关键的因素是教育财政的收支。教育财政困窘,教育事业便萎缩停顿;教育财政富足,教育事业便扩大发展。

第四,教育经费的来源,自古以来便是多渠道的。有国家拨款,有学生学费,有社会捐助等等。发展教育事业不能仅靠国家拨款。

第五,由于教育经费有公、私两种负担结构,所以,自古以来便有公学与私学两种类型。尽管受各种因素的影响,公学与私学时盛时衰、时兴时废,但他们都是顺应社会发展而存在,有其各自的发展历史。

(二)新中国成立后教育财政的发展变化

新中国成立后,为适应经济的发展和对人才的需要,国家投入了大量的人力、物力和财力保证教育事业的发展。从 1950 年到 1996 年,46 年间,国家财政预算中用于教育的经费,累计为 8 529.42 亿元。据 1989 年统计,全国有高校 1 075 所,在校本专科学生 208.21 万人,比建国初期增加了 17.8 倍;全国共有中等专业学校(包括技工学校和农职业中学)17 354所,在校生 627.32 万人,比建国初期增加了 27.4 倍;全国共有普通中学 89 575 所,在校生 4 554.02 万人,比建国初期增加了 43.8 倍;全国共有小学 777 244 所,在校生 12 373.10 万人,比建国初期增加了 5.1 倍;全国有幼儿园 172 634 所,在园人数为 1 847.66 万人,比建国初期增加了近 132 倍。全国的成人教育也取得巨大成绩,有成人高等学校 1 333 所,在校生 174.11 万人;成人中等学校 56 339 所,在校生 1 541.11 万人;成人初等学校 214 310 所,在校生 1 946.10 万人。"八五"期间,通过学校设点布局调整和教育资源优化配置,各级学校有所减少,而学校在校生平均规模有较大增长。到 1996 年,普通高校为 1 032 所,在校生 302 万人;成人高校为 1 138 所,在校生 265.6 万人;各类高级中等职业学校 17 081所,在校生 1 010 万人;普通中学 8 万所,在校生 5 739.7 万人;普通小学 64.6 万所,在校生 13 615 万人。还有成人中专在校生 310 万人,成人技术培训学校培训 8 337 万人次。全年共扫除文盲 407 万人。46 年间国家投入的巨大教育经费不仅大幅度地提高了全国人民的科学文化素质,而且为国家建设输送了数以千万计的优秀人才。

新中国成立后,教育事业的经费管理大体分为三个阶段:

第一阶段从 1950 年至 1953 年。实行中央统一财政,三级管理体制。中央直接管理的大中小学经费列入中央人民政府预算,由财政部掌管;各大行政区、省(市)管理的县立中学以上教育事业费,分别列入大行政区及省(市)预算内。专科以上的国立学校,由中央人民政府委托大行政区开支者,暂列入大行政区预算内。乡村小学、县简师、教育馆的经费,可由县人民政府随国家公粮征收地方附加公粮解决,但地方附加公粮不得超过国家公粮的 15%。各城市小学的教育经费,可征收城市附加教育事业费解决。三级教育财政制度,一经确定后,除因上级决定变更任务或领导关系外,均不得互相留用。

第二阶段从 1954 年至 1979 年。实行"条块"结合,以"块块"为主的管理体制。即教育经费预算,分为中央预算和地方预算,分级管理。各省(市)的教育经费均由省(市)政府统一考虑解决。各级政府在下达经费预算指标或批准下级政府预算时,教育经费要单列一款。省(市)政府对中央下达的教育经费指标,要根据教育事业计划和各项经费开支标准妥善安排,之后如认为不足或有结余时,可以进行调剂,并将调剂安排情况在上报地方预算时加以说明。地方教育财政预算经上级核定后执行。中小学收取的杂费,按预算外特种资金办法管理,不列入国家预算,由教育部门掌握使用。中小学勤工俭学收益,按专项资金管理,不缴纳所得税,也不向财政上缴利润。

第三阶段从 1980 年至今。1993 年 12 月随着经济体制的深化改革,摒弃了"财政包干"的做法,国家财政分权开始以分税制为基础,教育财政亦将随着发生一些变化。教育经费以国家财政拨款为主,财、税、费、产、社、基多渠道筹措的体制基本形成。

1980 年国家进行财政体制改革,实行"划分收支,分级包干"的新财政体制。亦称为财政分权或分灶吃饭。按照这个财政体制,各省、市、自治区教育事业所需的教育经费,由地方各级政府安排。改变了由财政部门和教育部门协商联合下达教育事业经费支出指标的管理体制。教育财政的分权,明确了教育拨款由学校行政隶属关系的中央财政和地方财政分担,把直接用于教育的城乡教育费附加的征收和使用权下放给地方各级政府,还允许地方开征其他直接用于教育的税、费。财政分权后,学校的自主权扩大,经常性拨款大部分不再限制专门用途,由学校统筹使用,同时也要求学校财政包干、自求平衡。这种财政分权制对教育事业的影响有利有弊。根据分税制财政管理体制的要求,为控制和减少财政分权带给教育事业的弊端,1995 年 9 月 1 日国家颁布和实施的《教育法》,关于教育财政方面,以法律形式规定了如下内容:1. 规定了国家建立以财政拨款为主、其他各种渠道筹措教育经费为辅的体制;2. 规定了各级政府教育投入方面的责任,即做到政府财政拨款的"三个增长"以及国家财政性教育经费占国民生产总值比例与各级财政支出总额中教育经费所占比例的逐步提高;3. 规定各级政府的教育经费支出,按照事权和财权相统一的原则,在财政预算中单独列项,并要接受同级人代会的监督;4. 规定了对挪用、克扣、截留教育经费的违法行为给予相应的法律处罚。

下面,以 1980 年为界,把国家预算中用于教育事业支出的经费,及占国家财政总支出的比例、占国民生产总值的比例绘表 6－4 如下:

表 6－4　1950—1980 年教育事业经费支出　（单位:亿元）

年份	国家财政总支出	教育事业费支费	教育事业费支出占财政总支出的比例(％)
1950	68.08	3.76	5.52
1951	122.49	7.42	6.06
1952	175.99	8.95	5.09
1953	220.12	12.80	5.81
1954	246.32	13.77	5.59
1955	269.29	14.08	5.23
1956	305.74	16.47	5.39

年份	国家财政总支出	教育事业费支费	教育事业费支出占财政总支出的比例(%)
1957	304.21	19.52	6.42
1958	409.40	19.83	4.84
1959	552.86	24.09	4.36
1960	654.14	31.78	4.86
1961	367.02	26.78	7.30
1962	305.25	24.07	7.898
1963	339.63	24.91	7.334
1964	399.02	27.80	6.97
1965	466.33	29.12	6.24
1966	541.56	34.43	6.36
1967	441.85	32.70	7.40
1968	359.84	27.50	7.64
1969	525.86	27.04	5.14
1970	649.41	27.56	4.24
1971	732.17	33.00	4.51
1972	766.36	38.54	5.03
1973	809.28	42.07	5.20
1974	790.75	45.98	5.81
1975	820.88	48.26	5.88
1976	806.20	50.49	6.26
1974	843.53	53.04	6.29
1978	1 110.95	65.60	5.90
1979	1 273.94	76.96	6.05
1980	1 212.73	94.18	7.77

资料来源:《中国教育年鉴 1949—1981》,中国大百科全书出版社,1984 年 9 月版,第 98 页。

说明:1950 年至 1980 年的 31 年中,国家预算中用于教育事业费的支出,总计 1 002.5 亿元,约占同时期国家财政预算总支出的 5.93%。由于统计原因,国家财政总支出包括基本建设拨款,而教育事业费支出中不包括基本建设拨款,也不包括各业务部门在各自的事业费中开支的中等技术学校、技工学校经费,也不包括厂矿企业开支的办学经费。

表 6－5 1981—1996 年教育经费支出 （单位：亿元）

年份	国民生产总值	国家财政预算内支出	财政性教育支出	国家财政预算内教育支出	教育支出占国民生产总值的比例(%)	预算内教育支出占国家财政支出的比例(%)
1981	4 773.0	1 115.0		117.6	2.46	10.55
1982	5 193.0	1 153.3		133.2	2.56	11.55
1983	5 809.0	1 292.5		151.9	2.61	11.75
1984	6 962.0	1 546.4		179.8	2.58	11.63
1985	8 557.6	1 844.8	278.44	227.9	2.66	12.35
五年累计				810.4		
平均				162.08		
1986	9 696.3	2 330.8	324.45	262.00	3.35	11.24
1987	1 1301.0	2 448.5	346.70	271.56	3.07	11.09
1988	1 4068.2	2 706.6	414.49	323.22	2.95	11.94
1989	1 5993.3	3 040.2	518.14	397.72	3.24	13.08
1990	17 695.3	3 452.2	563.98	426.14	3.19	12.34
五年累计			2 167.76	1 680.64		
平均			433.55	336.13		
1991	21 666	3 566.80	617.83	482.18	2.85	13.52
1992	26 651	3 991.10	728.75	564.94	2.73	14.15
1993	34 477	4 951.20	867.76	676.61	2.52	13.67
1994	44 918	5 792.60	1 174.74	931.13	2.62	16.07
1995	57 600	6 809.73	1 411.52	1 092.94	2.45	16.05
五年累计	185 312	25 110.87	4 800.60	3 747.80		
平均			960.12	749.56		
1996	68 594	7 914.38	1671.70	1 288.08	2.44	16.28

资料来源：1981—1990 年数据来源于《中国教育综合统计年鉴》(1994)国家教委编，第三页，高等教育出版社，1995 年 3 月。1991—1995 年数据来源于《教育研究信息》1996 年第 7

期,第4页,国家教委财务司与上海市智力开发研究所"快报"编写组《1995年全国教育经费统计快报》。1996年数据来源于《1996年全国教育经费执行情况统计公告》,见《中国教育报》1997年10月13日,第二版。1996年为国内生产总值。

说明:1981年到1996年,国家财政预算内的教育支出,总计为7 526.92亿元。16年间,平均每年为470.43亿元。其实,国家财政性教育经费支出还要大于上述的数字,仅1986年到1996年,10年间就有8 640.06亿元,比16年间财政预算内的教育支出多1 113.14亿元。由于统计原因,从1986年以后,计算占国民生产总值比例的教育支出,不是指财政预算中的教育拨款,而是指国家财政性教育经费支出。从1991年后,计算预算内教育经费支出占财政支出比例,均按新口径计算,即:预算内教育经费支出含城市教育费附加,而国家财政支出,不包括债务支出。

从上述表6—4、表6—5中可以看出,新中国成立以来,教育经费一直在逐年增长,特别是从1986年第七个五年计划之后,中国的教育经费出现了持续、快速、稳定增长的态势。"八五"期间,中国的教育经费增长更快,财政性教育经费支出累计4 800.60亿元,是"七五"期间教育经费支出的2.46倍,年均增长率为20.14%,比"七五"期间提高了3.65个百分点。1996年继续保持良好的增长局面,财政性教育经费支出比1995年增加260.18亿元,增长率为18.43%。

新中国成立以来到1995年的46年间,中国教育经费支出与国民经济之间的关系,主要有三个特征:

1. 教育经费支出的绝对量在国民经济中的比例,随经济发展而增长。这在上表6—4、6—5中可以清楚看到。当然个别年份由于经济呈负增长,国家财政总支出下降,教育经费支出也呈负增长。如1961年至1963年、1968年至1970年。但总体趋势为正向发展,是逐年增长的。

不仅教育经费支出的绝对值随国民经济的发展而增长,而且,教育经费支出占国家财政总支出的比例也逐步提高。1950年为5.52%,1980年为7.77%,1985年为12.35%,1991年为13.52%,1995年为16.05%,1996年为16.28%。

财政支出是国民经济发展的重要指标,财政支出中的教育经费支出是教育总投资的主要部分。所以,教育经费支出在财政总支出比例中的提高,是考察教育经费增长的主要依据之一。

2. 受教育者生均教育经费支出逐步上升。1952 年的生均教育事业费,大学为 732.98 元,中学为 110.48 元,小学为 7.40 元。1995 年的生均教育事业费,大学为 5 442 元,中学为 562 元,小学为 266 元。1995 年同 1952 年相比,生均教育事业费,大学增长了 7.4 倍,中学增长了 5 倍,小学增长了 35.9 倍。1996 年生均教育事业费比 1995 年又有所增长,大学为 5 956,7 元,增长了 9.46%;高中为 1 088.05 元,增长了 10.44%;初中为 549.24 元,增长了 11.63%;小学为 302.54 元,增长了 13.83%。

3. 国家财政性教育经费支出与《中国教育改革与发展纲要》提出的目标相比,尚有相当差距。教育投入仍然不足。

根据教育经济学的理论,衡量教育在经济和社会发展中的地位,判断教育投资是否合理、是否有利于促进经济与社会发展目标的实现,一项重要的客观指标便是财政性教育经费支出占国民生产总值的比例。从上表 6-5 可以看出,中国财政性教育支出占国民生产总值的比例一直不高,一直徘徊在 3% 左右。据联合国教科文组织 1985 年《统计年鉴》的资料分析,世界 80 年代初,教育投资占国民生产总值的比例,平均为 5.7%,其中发展中国家为 4%。用这个标准对比中国的情况,显然教育投入不足。更值得注意的是,从 1991 年以来,国家财政性教育经费支出占国民生产总值的比例,除 1994 年略有回升外,连续呈下滑趋势。1991 年为 2.85%,1992 年为 2.73%,1993 年为 2.52%,1994 年为 2.62%,1995 年为 2.45%,1996 年为 2.44%。

不仅如此,财政性教育经费支出也没有实现国家提出的高于财政经常性收入的增长。1995 年财政教育拨款增长率是 16.34%,比同年财政收入增长率 18.58% 低 2.24 个百分点。1996 年财政预算内教育拨款增长率是 17.85%,比同年财政收入增长率 18.01% 低 0.16 个百分点。

如果考虑社会商品零售物价的上涨因素,教育经费的实际增长额度还要降低。据统计,1991 年至 1995 年,5 年间年平均商品零售物价上涨率为 13.9%。而同期国家财政性教育经费支出年增长率是 20.14%。扣除物价上涨率,教育经费支出年增长率仅为 6.24%。

总体说,中国教育经费支出的运行态势有喜有忧。形成这个运行态势的主要因素是:

1. 国家和各级地方政府愈来愈关心和重视教育的地位和作用,不断制定新措施、新办法增加教育投资,促进教育事业的发展。反映了政治因素对教育投资的重要影响。中央提出的"教育拨款的增长要高于财政经常性收入的增长,并使按在校生人数平均的教育费用逐步增长",不仅作为一种社会发展要求,而且作为社会建设的法令,便是关心和重视教育的明证。所以,才有了教育经费支出的绝对量以及生均教育经费逐步增长的形势。

2. 经济发展水平是制约教育投资的主要因素。社会经济发展水平既决定教育投资的需要量,也决定教育投资的可能量。量化经济发展水平,常用国民生产总值(即国民收入)和国家财政收入与财政支出的指标。教育投资的发展变化以及是否合理,就是分析教育投资与上述的几项经济指标的比例情况。通过表 6—4 和 6—5 可以看出,国民生产总值和财政性总支出增加或减少,直接影响教育投资的增加或减少。由于国民生产总值总的趋势是逐年提高,所以教育经费支出也逐年提高。1961年到 1963 年、1968 年到 1970 年是个例外,但也证明了教育投资受社会经济发展水平的制约。

3. 教育适龄人口的数量及其增长的速度制约着教育投资量的变化。适龄人口增多,在人均教育经费不变或增加情况下,必将要求增加教育经费。反之,教育经费的投入将随适龄人口的减少而下降。以 1984 年和 1982 年人口年龄结构变化对 5 年后的教育经费支出的影响为例说明。1984 年 15 岁以下的少年儿童比 1982 年减少 3 000 万人。其中,0 岁至 9 岁的人口比重降低了 2.25%,10 岁至 14 岁的人口比重降低了 0.96%。

20 世纪 80 年代初教育适龄人口的变化成为影响 80 年代末 90 年代初教育经费支出增长率的因素之一。从表 6-5 可以看出,1986 年到 1990 年"七五"期间,国家财政性教育经费支出的年增长率波动很大。1986 年为 23.41%,1987 年为 6.38%,1988 年为 19.63%,1989 年为 25.01%,1990 年为 8.84%。五年中,教育经费的支出间隔性地出现了三高二低。

第二节　中国现行教育财政体制

中国的教育事业是纳入国民经济总体系的一部分,所以,中国教育投资的主要来源是国家预算内有计划地拨款。包括国家预算安排给教育部门的教育事业费和教育基本建设投资(教育基建投资是通过国家基本建设投资渠道安排的)。可以说,中国教育投资的主体部分是纳入整个国民经济和财政支出的计划之中的,教育事业的发展与国民经济和社会发展是协调的、有计划的、按比例进行的。国家一方面要根据国民经济和社会发展的需要来进行发展教育的投资;另一方面,又要考虑国民经济和社会发展的实际条件来决定教育投资的规模和速度。教育事业内部投资分配结构也是有计划、按比例进行的。

由于当时中国经济正在向社会主义市场经济转型,其中存在着国有、集体、个体、股份、外资等多种经济成分,所以,中国的教育投资也具有多渠道性的特征。除国家承担教育投资的主体部分外,集体、个人及其他方面也承担相当一部分教育投资,这是教育投资的辅助部分。

中国教育投资的来源构成可以分为 8 个部分:

1. 国家财政预算内教育经费拨款;

2. 各级政府征收用于教育的税费;

3. 企业办学校教育经费;

4. 校办产业、勤工俭学和社会服务用于教育的经费;

5. 社会团体和公民个人办学经费;

6. 社会捐(集)资办学经费;

7. 学费、杂费；

8. 其他。

教育投资是指用于教育的一切支出。包括教育事业费和教育基本建设投资。教育事业费是教育投资的主要部分,大体上可以反映教育发展规模。教育事业费在国民生产总值及财政支出中的比例,可以反映教育投资在国民经济中的比例。教育基本建设投资,是基本建设总投资中非生产性基建投资的一部分,它为教育事业的发展提供物质技术条件。在技术不断进步,经济不断发展的条件下,如果基本建设投资分配比例不变,教育基建投资和全部基建投资至少应同步增长。所以,基建投资也可以从一个方面反映教育投资同国民经济发展的关系。

这里略去教育基本建设投资的分析,仅限在教育事业费的分析上。因为对教育事业费的分析,基本上能回答中国教育财政的状况、特点及规律。

(一)中国教育经费支出的水准

1991年以来,中国教育经费支出,保持了持续、快速、稳定增长的势头,投入总量比前五年翻了近两番。生均经费达到历史最好水平。教育经费的来源,出现了以国家财政拨款为主、多渠道筹措教育经费为辅的格局。地方教育财政支出增加。

1. 教育经费占国民生产总值、财政支出的比例

据国家统计公布,1996年国家财政性教育经费(包括各级政府的教育拨款,各级政府征收的用于教育的税、费,企业办学经费支出和校办产业减免税部分等)支出为1 671.70亿元。当年国内生产总值为68 594亿元。教育经费占国内生产总值的比例约为2.44%,比1995年的2.45%,降低0.01个百分点。

按财政新口径计算,1996年全国财政支出为7 914.38亿元,预算内教育经费支出(含城市教育费附加)为1 288.08亿元,占财政支出的比例

为 16.28％,比 1995 年的 16.05％提高了 0.23 个百分点。但是,如果按
财政统计旧口径计算,教育经费(不含城市教育费附加)1 211.91 亿元,
占财政总支出(含国内外债务还本付息)9 225.27 亿元的比例为
13.14％,比 1995 年的 13.40％,降低了 0.26 个百分点。列表 6-6:

表 6-6　1991—1996 年教育经费支出与国民生产总值、财政收支的比例关系

(单位:亿元)

项目	1991 年	1992 年	1993 年	1994 年	1995 年	1996 年
1. 国民生产总值	21 666	26 651	34 477	44 918	57 600	68 594
2. 国内生产总值	21 618	26 635	34 515	45 006	57 733	67 795
3. 财政收入	3 149.5	3 483.4	4 349.0	5 218.1	6 187.73	7 366.61
4. 财政支出	3 566.8	3 991.1	4 951.2	5 792.6	6 809.17	7 914.38
5. 债务支出	246.8	438.6	336.2	499.4	869.29	1 310.89
6. 国家财政性教育经费支出	617.83	728.75	867.76	1 174.74	1 411.52	1 671.70
7. 预算内教育经费支出(含城市教育费附加)	482.18	564.94	676.61	931.13	1 092.94	1 288.08
其中　预算内教育经费拨款	459.73	538.74	644.39	883.98	1 028.39	1 211.91
城市教育费附加	22.45	26.20	32.22	47.15	64.55	76.17
8. 国家财政性教育经费支出占国民生产总值比例(％)	2.85	2.73	2.52	2.62	2.45	2.44
9. 国家财政性教育经费支出占国内生产总值比例(％)	2.86	2.74	2.51	2.61	2.44	2.46
10. 预算内教育经费支出占财政支出比例(％)	13.52	14.15	13.67	16.07	16.05	16.28
11. 按旧口径预算内教育拨款支出(不含城市教育费附加)占财政支出(含债务支出)比例(％)	12.64	12.20	12.19	14.05	13.39	13.14

资料来源:《教育研究信息》,1997 年第 5 期,第 4 页。

1996 年国家财政性教育经费支出加上多渠道筹措的教育经费,合计
达到 2 262.34 亿元,比 1995 年增长 20.47%。现将 1991 年到 1996 年全
国教育经费支出统计情况列表 6—7 如下:

表 6—7　1991—1996 年全国教育经费支出统计

年份	全国教育经费总支出		国家财政性教育经费支出	
	金额(亿元)	比上年增长%	金额(亿元)	比上年增长%
1991	731.51	10.94	617.83	9.55
1992	867.05	18.53	728.75	17.95
1993	1 059.94	22.25	867.76	19.08
1994	1 488.78	40.46	1 174.74	35.38
1995	1 877.95	26.14	1 411.52	20.16
1996	2 262.34	20.47	1 671.70	18.43

资料来源:《教育研究信息》,1997 年第 5 期,第 1 页。

从表 6—7 可看出,全国教育经费总支出的年增长率高于国家财政性
教育经费支出年增长率,说明多渠道筹措教育经费的增长高于国家对教
育事业的拨款。在教育经费绝对量上,1991 年教育经费总支出比财政性
教育经费支出多 113.68 亿元,而 1996 年教育经费总支出比财政性教育
经费支出多 591.04 亿元。1996 年比 1991 年增加了 477.36 亿元。

2. 生均教育经费

1996 年,全国各级各类学校生均预算内教育事业费支出,均比 1995
年有所增长。

①全国普通小学生均事业费支出为 302.54 元,比 1995 年的 265.78
元增长 13.83%。其中,农村普通小学生均事业费支出为 248.75 元,比
1995 年的 219.31 元增长 13.42%。

②全国初中生均事业费支出为 549.24 元,比 1995 年的 492.04 元增
长 11.63%。其中,农村普通初中生均事业费支出为 435.36 元,比 1995
年的 392.59 元增长 10.89%。

③全国普通高中生均事业费支出为 1 088.05 元，比 1995 年的 985.23 元增长 10.44%。

④全国职业中学生均事业费支出为 1 007.88 元，比 1995 年的 897.42 元增长 12.31%。

⑤全国中等师范学校生均事业费支出为 2 195.05 元，比 1995 年的 2 130.49元增长 3.03%。

⑥全国普通高等学校生均事业费支出为 5 956.70 元，比 1995 年的 5 442.09元增长 9.46%。

1996 年生均预算内公用经费情况，见表 6－8。

表 6－8　1995 年和 1996 年生均预算内公用经费支出及增长率

（单位：元）

学校类别	1995 年	1996 年	1996 年比 1995 年增长（%）
普通小学	22.79	28.46	24.88
普通初中	65.96	81.93	24.21
普通高中	181.16	208.73	15.22
职业中学	208.38	232.77	11.70
中等师范	683.63	658.31	－3.7
普通高等学校	2 339.73	2 604.36	11.31

资料来源:《教育研究信息》,1997 年第 S 期,第 3 页。

其中,农村普通小学生均公用经费支出,1996 年为 17.98 元,比 1995 年的 13.67 元增长 31.53%。农村初中生均公用经费支出,1996 年为 47.98 元,比 1995 年的 38.85 元增长 23.50%。

学校生均教育事业费支出分两大部分:一是人员经费,即工资、附加工资、福利费、助学金;二是公用经费,即公务费、业务费、修缮费、设备购置费、科研费。分析生均教育事业费支出的增长情况,既要看绝对量的变化,更要注意生均教育事业费支出的两大部分构成变化与增长情况,特别是公用经费支出的变化与增长情况。公用经费支出增长,并且与人员经费支出的比例合理,是生均教育事业良性运行的表现,教育事业费的使用效率才能取得满意的结果。1996年农村普通小学生均公用经费支出比1995年增长31.53%,超过全国普通小学增长率6.65个百分点,说明农村普通小学生均教育事业费的状况有所改善,是一个值得高兴的运行态势。

(二)中国教育经费的来源构成及负担结构

1994年至1996年,中国教育经费的总支出分别为1 488.78亿元、1 877.95亿元、2 262.34亿元。

1. 教育经费的来源

3年间教育经费来源构成见表6-9。

表6-9 1994—1996年中国教育经费支出及构成

(单位:亿元)

	1994年支出	1994年构成%	1995年支出	1995年构成%	1996年支出	1995年构成%	1995年与1994年构成增减百分点	1996年与1995年构成增减百分点
合计	1 488.78	100	1 877.95	100	2 262.34	100		
1. 财政预算内教育经费拨款	883.98	59.38	1 028.39	54.76	1 211.91	53.57	-4.62	-1.19
2. 各级政府征用于教育的税费	132.81	8.92	189.14	10.07	239.67	10.59	+1.15	+0.52
3. 企业办学校教育经费	89.14	5.99	104.91	5.59	115.60	5.11	-0.40	-0.48
4. 校办产业、勤工俭学和社会服务收入用于教育的经费	60.67	4.08	76.82	4.09	87.00	3.85	+0.01	-0.24
5. 社会团体和公民个人办学经费	10.78	0.72	20.37	1.08	26.20	11.16	+0.36	+0.08
6. 社会捐(集)资办学经费	97.45	6.55	162.84	8.67	188.42	8.33	+2.12	-0.34
7. 学费、杂费	146.92	9.87	201.24	10.72	261.04	11.54	+0.85	+0.82
8. 其他	67.03	4.49	94.23	5.02	132.50	5.85	+0.53	+0.83

资料来源:根据国家教委财务司、上海市智力开发研究所1995、1996两年全国教育经费统计快报合编。

从表6－9可见中国教育经费构成有如下七点变化：

①国家财政性教育经费支出在各渠道教育经费支出中变动最大，其构成比例连续两年下降。预算内教育拨款比例由1994年的59.38％，下降到1995年的54.76％，再下降到1996年的53.57％。两年间，在教育经费总支出增长了46.61％的态势下，国家财政性教育支出在经费构成比例中却下降了5.81个百分点。说明非财政性教育经费支出有了明显增加，初步形成了教育经费由政府、社会、个人共同投入的良性格局。

②各级政府征收用于教育税、费的支出占教育经费总支出的比例，由1994年的8.92％，上升为1995年的10.07％，再上升为1996年的10.59％。两年间，在教育经费构成比例中上升了1.67个百分点，征收税费增加的绝对量达106.86亿元。1996年征用于教育的税费达239.67亿元，是国家财政性教育经费中仅次于教育拨款的重要渠道。

③企业办学校经费占教育经费总支出比例下降，这与一部分企业不再办学或经济效益不佳有关。

④社会团体与公民个人办学投入持续发展，1995年支出金额比1994年增长了89％，1996年又比1995年增长了28.6％，1996年的支出金额是1994年的2.4倍。两年间，增长了15.42亿元。在经费支出构成里，1996年比1994年增加了0.44个百分点。这说明社会母体和公民个人办学的积极性增强。

⑤校办产业、勤工俭学和社会服务收入用于教育的经费，1995年比1994年增加了16.15亿元，1996年又比1995年增加了10.18亿元。两年间，金额绝对量增加了26.33亿元。但是，由于整个教育经费支出年年增加，有的渠道教育经费增加得很快，所以，在教育经费支出构成比例上，校办产业、勤工俭学和社会服务收入用于教育的经费，在1995年比1994年增加0.01个百分点，而在1996年则比1995年减少了0.24个百分点。

⑥社会捐(集)资办学经费支出,在非财政性教育经费支出里是增长比较快的。1996年支出的金额是1994年的1.9倍,增长的金额达90.97亿元。由于教育经费支出的增长及多渠道投入经费的变化,这个项目在1995年的教育经费支出构成里比1994年增加了2.12个百分点,而在1996年,却比1995年减少了0.34个百分点。

⑦学费、杂费支出是非财政性教育经费支出里增长金额最多的,也是中国教育经费支出构成比例中仅次于国家财政预算内教育经费拨款的项目。1996年达到261.04亿元,比1994年增加了114.12亿元,占整个教育经费支出的11.54%。

⑧在教育经费支出构成项目里,不能明确划归为表6—9中1至7项的,统一划在第8项"其他"里。这个项目的经费因为来源不固定、归类比较模糊,所以定为"其他"。"其他"教育经费支出也是呈增长的态势。1996年达到132.50亿元,是1994年67.03亿元的1.98倍。在1996年的教育经费构成中占5.85%,超过企业办学校的教育经费。

2. 教育经费中公费与私费的负担结构

1990年以来,教育经费来源构成的一个显著变化特点是学生家庭对教育成本补偿的份额明显加大。以普通高等学校为例:1989年开始建立收费制度;1990年全国普通高校学生生均缴纳学杂费为87.8元,之后逐年上升,1991年为89.4元,1992年为208.2元,1993年为610.2元,1994年为888.8元,1995年为1 114元,1996年为1 319元。6年间,普通高校生均学杂费上升了14倍。1996年普通高校学生生均学杂费占普通高校生均经常性成本的17.9%。从表6—9也可看出,学生家庭缴纳的学杂费在1996年已达261.04亿元,占当年教育经费支出构成的11.54%。

现在,中国教育经济中公费与私费的负担结构是什么状况?

按教育经费学理论,教育经费中的公费,即指教育的社会直接成本,通常由预算内拨款和预算外支出两部分构成。公费加上私费即称为学生经常性成本。

教育经费中的私费,即指教育的个人直接成本。通常由学杂费、书籍文具费、住宿费、交通费、文体费和生活差距费等科目构成。目前,由于除学杂费外,其他个人直接成本不统计在国家的教育经费里,所以,教育经费中的私费以学生的学杂费来计算。

目前,中国对实行义务教育阶段的学生免收学费,只收取杂费(少数外地学生还收取借读费)。对非义务教育阶段,实行收取学费,住宿生收取住宿费。

现将 1995 年和 1996 年各级学校教育收费与教育成本比较情况列表 6－10:

表 6－10　1995—1996 年各级学校教育收费与成本比较

内容 年份 学校类别	学生生均缴纳 学杂费(元)			生均经常性 成本(元)			学杂费占经常性 成本的比例(%)		
	(1) 1995	(2) 1996	(2)比(1) 增减(%)	(1) 1995	(2) 1996	(2)比(1) 增减(%)	(1) 1995	(2) 1996	(2)比(1) 增减(%)
1. 普通高等学校	1 114	1 319	18.4	6 541	7 372	12.7	17.0	17.9	5.3
2. 中等专业学校	1 244	1 103	−11.3	3 228	3 033	−6.0	38.5	36.4	−5.5
3. 普通高中	267	330	23.6	1 534	1 764	15.0	17.4	18.7	7.5
4. 普通初中	79	92	16.5	745	833	11.8	10.6	11.0	3.8
其中:农村	67	78	16.4	604	678	12.3	11.1	11.5	3.6
5. 职业中学	372	418	12.4	1 517	1 686	11.1	24.5	24.8	1.2
6. 普通小学	42	50	19.0	406	466	14.8	10.3	10.7	3.9
其中:农村	37	45	21.6	343	393	14.6	10.8	11.5	6.5

资料来源:《教育研究信息》,1997 年第 5 期,第 6 页。

从表 6－10 可以推算出表 6－11,即生均公费与私费的负担结构。

表6－11 1995年和1996年各级学校生均公费与私费的比例①

年份 内容 学校类别	1995年生均公费与私费 及在生均经常性成本比例			1996年生均公费与私费 及在生均经常性成本比例		
	(1) 公费	(2) 私费	(1)(2) 比例	(1) 公费	(2) 私费	(1)(2) 比例
1.高等学校	5 427	1 114	86/17	6 053	1 319	82.1/17.9
2. 中等专业学校	1 984	1 224	61.5/38.5	1930	1 103	63.6/36.4
3. 普通高中	1 267	267	82.6/17.4	1 434	330	81.3/18.7
4. 普通初中	666	79	89.4/10.6	741	92	89/11
其中:农村	537	67	88.9/11.1	600	78	88.5/11.5
5. 职业中学	1 145	372	75.5/24.5	1 268	418	75.2/24.8
6. 普通小学	364	42	89.7/10.3	416	50	89.3/10.7
其中:农村	306	37	89.2/10.8	348	45	88.5/11.5

从表6－10和6—11可以看出下面五种特点：

(1)中等专业学校公费与私费在生均经常性成本中的比例,1995年为61.5％和38.5％,1996年为63.6％和36.4％,私费比例在各级学校类别教育成本中为最高。但是1996年与1995年相比,私费的金额及私费与公费的比例均有所降低。

(2)职业中学1995年与1996年私费支出的金额虽然远不及中专和高校,只有372元和418元,但是在生均经常性成本的比例中,却居各级学校类别的第二位。1995年公私费各占75.5％和24.5％,1996年公私费各占75.2％和24.8％,私费的比例呈上升的趋势。

(3)普通高中生均经常性成本中,私费的比例居各级学校类别的第三位。1995年为267元,1996年为330元,分别占生均经常性成本的17.4％和18.7％。但是,从私费占生均经常性成本比例的增长率上看,普通高中1996年比1995年增长了1.3个百分点,居各级学校类别的第一位。

---

① 学生缴纳学杂费即私费。生均经常性成本减去生均学杂费即公费。

(4)普通高等学校私费占生均经常性成本的比例,在各级学校类别中居第四位。1995年为17%,1996年为17.9%。但是,1996年私费的金额为1 319元,比1995年增加205元,增长的额度超过任何类别的学校。

(5)普通中学和普通小学私费(即杂费)占生均经常性成本的比例均有所上升。初中1996年为11%,比1995年上升了0.4个百分点。小学1996年为10.7%,比1995年上升了0.4个百分点。其中,农村初中和农村小学私费占生均经常性成本的比例均大于普通中学和小学的平均比例。农村初中1996年私费占生均经常性成本的比例为11.5%,比普通中学平均比例高0.5个百分点。农村小学1996年私费占生均经常性成本的比例为11.5%,比普通小学平均比例高0.7个百分点。这同农村中小学增加公用经费有关。

3. 学生家庭负担的学杂费与家庭收入的比例

由于非义务教育阶段各级学校的学杂费均有所上升,学生家庭的负担有所加重。但是,由于国民收入的增长,城镇居民与农村居民的家庭收入普遍提高,"上学缴费"的观念已经被人们逐渐接受。而且,学生家庭缴纳学杂费的负担占居民家庭收入的比例仍然不大,可以为学生家庭所接受。特别是高等学校实行奖、贷、助学金以及其他形式的资助工作,家庭生活贫困的学生仍能顺利完成学业。现将非义务教育阶段学生家庭学杂费负担占家庭收入比例制表6－12与6－13:

表6－12 学生家庭学杂费负担占家庭收入比例
(1994—1995年)

学校类别	1994年		1995年	
	城镇	农村	城镇	农村
普通高等学校	5.7	9.2	5.1	9.0
中等专业学校	7.5	14.1	8.4	14.1
职业中学	2.8	5.2	3.0	5.3
普通高中	1.8	3.4	2.1	3.8

资料来源:《1996年中国教育经费年度发展报告》,高等教育出版社,1997年3月,第39页。

在普通高等学校里,学生生均缴纳学杂费的情况,从 1990 年至 1995 年有如下变化:

表 6－13 1990－1995 年中国普通高校生均学杂费占家庭收入比例的变化

年份\\项目	1990 年	1991 年	1992 年	1993 年	1994 年	1995 年
1. 生均缴纳学杂费金额(元)	87.8	89.4	208.2	610.2	888.8	1 124.2
2. 生均经常性成本(元)	3 314	4012	4 790	5 029	6 022	6 541
3. 其中:生均预算内事业费支出	3 107	3 462	4 092	4 102	5 048	5 442
生均奖、贷、助学金支出(元)	206.7	234.8	281.6	325.0	349.6	485.4
4. 城镇居民户均生活费收入(元)	4 855	5 296	6 154	7 336	1 0427	12 574
其中:按人平均	1 387	1 544	1 826	2 337	3 179	3 893
5. 农村居民家庭户均纯收入(元)	3 294	3 338	3 661	4 230	5 543	7 068
其中:按人平均	686.3	708.6	784.0	921.6	1 221.0	1 577.7
6. 生均缴纳学杂费占生均经常性成本比例(%)	2.65	2.22	4.35	12.13	14.76	17.19
7. 生均实际负担学杂费占城镇家庭收入比例(%)	…	…	…	3.69	5.17	5.08
8. 生均实际负担学杂费占农村家庭收入比例(%)	…	…	…	6.74	9.73	9.04

资料来源:《1996 年中国教育经费年度发展报告》,高等教育出版社,1997 年 3 月,第 7 页。

说明:学生生均实际负担学杂费金额为生均缴纳学杂费支出扣除生均奖、贷、助学金支出后的金额。

从表 6－13 可看出,普通高校 1995 年生均缴纳学杂费比 1990 年增长了 11.7 倍,但由于生均经常性成本增长了近 1 倍,所以,1995 年生均缴纳学杂费占生均经常性成本的比例只有 17.19%,比 1990 年增加了 14.54 个百分点。扣除生均奖、贷、助学金,仅占城镇家庭与农村家庭收入的 5.1% 和 9.0%。

1996 年普通高校生均缴纳学费 1 319 元,比 1995 年增长了 18.4%。全国城镇人均生活费收入为 4 377 元,比 1995 年增长了 12.4%。全国农村居民人均纯收入为 1 926 元,比 1995 年增长了 22%。

1997 年普通高校招生全部并轨,除有些专业学生免收学费外,一律要缴费上学。国家规定,收费标准不得超过年生均教育成本的 25%。所以,1997 年普通高校生均缴纳的学杂费会有较大增长。但是,估计 1997 年城镇人均生活费可达 4 815 元,比 1996 年增长 10%;农村居民人均纯收入可达 2 215 元,比 1996 年增长 15% 左右。加之高校对家庭有困难的学生出台了许多资助政策,不会因实行教育收费制度而使一些学生失去读书的机会。

但是,中国居民普遍感到近几年(1990～1995 年)学校教育收费偏高,原因在哪里?

在各级学校教育成本里,私费是指学生家庭缴纳的学杂费(包括借读费和住宿费)。可是,人们通常把书籍文具费、交通费、文体费、交谊费、班费、生活地点差距费等都计算在学校收费里,因而感到学生学习费用很高。加之有些中小学校乱收费,更造成了学生学习费用的提高。以大学为例,一个大学生平均一年需要家庭支付的费用约 6 000 元左右。其中,用于学生个人支出的伙食费约 3 000 元,个人生活用品、书本费、探亲路费约 1 000 元,实际缴纳学校的学费和住宿费约为 2 000 元。可见一个大学生一年需要家庭支付的费用里,只有 1/3 是上缴学校的计算在学生教育成本里的费用,2/3 是学生生活的必需支出,不是学校收费。包括中小学在内,国家允许学校的收费项目只有学费、杂费、借读费、住宿费。所以,学生上学的费用应当向学生家长解释清楚。至于有些费用学校代收合适与否,也应当统筹研究一下,有个明确的规定,避免收费不当。

4. 国家教育经费分配的基本结构

教育经费分配结构,是指教育经费总支出在各级各类教育之间的分配比例。各级教育是按教育程度划分的教育等级,包括学前教育、初等教育、中等教育和高等教育。各类教育是指中等以上教育中的各种专业教育。一般讨论分配的基本结构,是指初等、中等、高等三级教育间的经费分配结构。

新中国成立以来,三级教育经费分配结构的情况见表6—14。

表6—14 国家财政预算内教育拨款三级教育分配结构

年份	初等教育(Ⅰ)	中等教育(Ⅱ)	高等教育(Ⅲ)
1952	42.7	39.2	17.9
1957	49.1	29.7	21.1
1965	55.1	30.2	14.7
1980	38.5	38.7	22.8
1985	37.0	38.3	24.7
1990	34.00	36.22	24.03
1991	33.73	35.86	24.21
1992	33.47	36.12	23.41
1993	33.61	39.22	21.28
1994	34.58	39.16	21.05
1995	34.35	39.56	20.76

资料来源:1952—1985年数据来源于王善迈主编:《教育投资与财务改革》,第85页。北京经济学院出版社,1988年10月。1990—1995年数据来源于国家教委财务司、上海市智力开发研究所编写的《中国教育经费年度发展报告——1996》,第8页。高等教育出版社,1997年3月。

从表6—14可看出,1965年之前,中国初等教育经费比例一直很大,约占总经费的1/2。说明这个时期中国初等教育发展速度很快。中等教育经费比例有所波动,但比例也很大,平均在30%以上。高等教育经费比例在1957年最高,1965年下降为14.7%。

1980年起,中等教育由于突出发展中等职业教育,教育经费分配比例上升很快,1980年比1965年上升了8.5个百分点。之后,教育经费分配比例一直居三级教育结构的第一位。1995年达39.56%。

1990 年起,为了保证 20 世纪末基本实现普及九年义务教育的目标,财政教育拨款分配进一步向基础教育倾斜。到 1995 年,年均在 35.5% 以上。高等教育(包括成人高校)优化结构,提高水平,适度发展,所以,从 1990 年起国家教育财政拨款比例呈下降趋势,但仍保持在 20% 以上。

现将 1995 年中国教育经费支出按学校类型统计如下,见表 6-15。

表 6-15　1995 年中国教育经费支出按学校类型统计

学校类型	教育经费总支出(亿元)	各级学校类别占%	财政预算内教育经费拨款(亿元)	各级学校类别占%
总计	1 877.95	100	1 028.39	100
1. 高等学校	304.56	16.22	213.55	20.77
①普通高校	269.02	14.33	197.15	19.17
②成人高校	35.55	1.89	16.40	1.59
2. 中等专业学校	153.67	8.18	87.45	8.50
①中等技术学校	96.78	5.15	57.11	5.55
②中等师范学校	31.20	1.66	17.24	1.68
③成人中专	25.65	1.37	13.09	1.27
3. 技工学校	28.25	1.52	7.64	0.74
4. 中学	571.67	30.44	280.66	27.29
①普通中学	569.99	30.35	280.19	27.25
高中	151.62	8.07	71.39	6.94
初中	418.38	22.28	208.80	20.30
其中:农村初中	213.88	11.39	109.71	10.67
②成人中学	1.69	0.09	0.47	0.05

学校类型	教育经费总支出(亿元)	各级学校类别占％	财政预算内教育经费拨款(亿元)	各级学校类别占％
5. 职业中学	71.17	3.79	31.18	3.03
6. 小学	638.10	33.98	335.29	32.60
①普通小学	637.47	33.94	334.87	32.56
其中:农村小学	397.43	21.16	215.35	20.94
②成人小学	0.63	0.03	0.42	0.04
7. 特殊教育学校	5.40	0.29	3.90	0.38
8. 幼儿园	24.35	1.30	14.06	1.37
9. 其他	80.47	4.28	54.68	5.32
其中:留学生	3.63	0.19	3.3	0.35

资料来源:根据《中国教育经费年度发展报告——1996》一书中《中国教育经费发展指标(1995)》表1－2和表1－4合编而成。见该书第90页、第94页。

5. 教育经费中中央与地方的负担结构

20世纪80年代初中国开始财政分权。地方财政负担几乎全部的基础教育拨款和占高等教育总投资近一半的地方政府所属的高校的拨款。中央财政负担中央各部委所属的高校和中专的拨款。此外,中央财政还有少量的对地方教育的专项补助。

把教育财政决策权下放给更熟悉实际的地方政府,对于调动地方教育资源和提高教育投入的产出水平有明显好处。1985年到1996年,12年间国家财政性教育经费支出由278.44亿元,增长为1 671.70亿元,增长了5倍多。到1995年,地方财政教育拨款已占国家财政预算内教育经费拨款的88.14％。现将"八五"期间中央与地方教育拨款的分担比例列表6－16。

表 6－16　中央与地方教育拨款的分担比例

(单位:亿元)

年份	中央教育财政拨款	占国家财政拨款比例(%)	地方教育财政拨款	占国家财政拨款比例(%)
1991	60.26	13.11	399.47	86.89
1992	68.27	12.70	469.46	87.30
1993	80.53	12.48	563.86	87.52
1994	107.28	12.14	776.70	87.86
1995	122.00	11.86	906.39	88.14

资料来源:见国家教委财务司、上海市智力开发研究所编写的《中国教育经费年度发展报告——1991—1995》,高等教育出版社,1996 年。

　　为便于进一步分析,将 1994 年和 1995 年中央与地方教育经费支出按来源统计如表 6－17。

　　从表 6－17 可看出,1994 年和 1995 年地方教育经费总支出和财政预算内拨款分别占 88.27%、88.91%和 87.86%、88.14%,承担了国家教育经费支出的绝大部分,而且,呈增长态势。由于城乡教育费附加的征收和使用权下放给地方政府,所以该项目中央部分几乎为零。

　　地方教育经费总支出中,1995 年属于国家财政性教育经费支出 1 227.07 亿元,比 1994 年增长 20.38%,非国家财政性教育经费支出 422.54 亿元,比 1994 年增长 50.11%。需要指出 1995 年中央和地方教育拨款,均没有达到《教育法》规定的高于财政经常性收入的要求。全国财政教育拨款率低于财政收入增长率 2.24 个百分点。其主要原因是,当国家财政收入较大幅度超过预算时,追加的财政支出中没有按高于财政收入增长要求足额追加教育拨款。

表6-17 1994年和1995年中央和地方教育经费支出来源统计

项目	合计 金额（亿元）			中央部分 金额（亿元）			中央部分 占该项总支出比例（%）			地方部分 金额（亿元）			地方部分 占该项总支出比例（%）		
	(1)1994年	(2)1995年	(2)为(1)的%	(1)1994年	(2)1995年	(2)为(1)的%	(1)1994年	(2)1995年	(2)比(1)增减%	(1)1994年	(2)1995年	(2)为(1)的	(1)1994年	(2)1995年	(2)比(1)增减%
总计	1488.78	1877.95	126.14	174.62	208.33	119.30	11.73	11.09	-0.64	1314.16	1669.62	127.05	88.27	88.91	0.64
财政性教育经费 财政预算内教育经费拨款	883.98	1028.39	116.34	107.28	122.00	113.72	12.14	11.86	-0.28	776.70	906.39	116.70	87.86	88.14	0.28
各级政府征收用于教育的税费	132.81	189.14	142.41	0.02	0.06	300.00	0.02	0.03	0.01	132.78	189.08	142.40	99.98	99.97	-0.01
企业办学校教育经费	89.14	104.91	117.69	32.86	42.83	130.34	36.86	40.83	3.97	56.28	62.08	110.31	63.14	59.14	-3.97
校办产业、勤工俭学和社会服务收入用于教育经费	60.67	76.82	126.62	14.67	17.54	119.56	24.18	22.83	-1.35	46.00	59.28	128.87	75.83	77.17	1.35
其他属于国家财政性教育经费	8.15	12.26	150.43	0.55	2.02	367.27	6.75	16.48	9.73	7.59	10.24	134.91	93.13	83.52	-9.61
非财政性教育经费 社会团体和公民个人办学经费	10.78	20.37	188.96							10.78	20.37	188.96	100.00	100.00	
社会捐、集资办学经费	97.45	162.84	167.10	1.39	1.96	141.01	1.43	1.02	-0.23	96.06	160.88	167.48	98.57	98.80	0.23
学费、杂费	146.92	201.24	136.97	11.17	14.88	133.21	7.60	7.39	-0.21	135.76	186.36	137.27	92.40	92.61	0.21
其他教育经费	58.89	81.98	139.21	6.68	7.04	105.39	11.34	8.59	-2.75	52.21	74.93	143.52	88.66	91.40	2.74

资料来源：见《中国教育经费年度发展报告——1996》，第87-89页。

1995 年地方财政教育拨款 906.39 亿元,比 1994 年增长 16.70%。而 1995 年地方各级财政加上中央返回和补助地方的财政总收入为 5 416.4 亿元,比 1994 年增长 17.17%。地方财政教育拨款增长低于地方财政总收入增长 0.47 个百分点。

由于地方政府教育财政权限的扩大,造成了全国各地区教育经费投入差距的扩大。1993 年与 1990 年相比,中国沿海经济发达的江苏、浙江、广东省与中西部经济落后的安徽、河南、贵州省之间人均教育拨款的差距,由 1.61 倍扩大到 2.14 倍。

1995 年,普通中学生均教育经费支出最高的地方有上海 2 592.12 元、北京 2 264.82 元、广东 1 876.98 元,分别是最低的地方贵州 504.24 元的 5.1 倍、4.5 倍、3.7 倍。普通小学生均教育经费支出最高的地方有上海 1 591.53 元、北京 1 040.05 元、广东 857.33 元,分别是最低的地方贵州 216.06 元的 7.4 倍、4.8 倍、4 倍。

国家教委根据社会经济发展水平及教育发展基础,在普及九年义务教育工作中,将全国 30 个省市划分为"三片"地区。第一片地区有北京、天津、上海、吉林、辽宁、江苏、浙江、山东、广东 9 个省和直辖市;第二片地区有河北、山西、黑龙江、安徽、福建、江西、河南、湖北、湖南、海南、四川、陕西 12 个省;第三片地区有内蒙古、广西、贵州、云南、西藏、甘肃、青海、宁夏、新疆 9 个省、自治区。1995 年,第二片地区教育经费总支出增长速度超过了第一片地区,主要是由于第二片地区非财政性教育经费支出增长了 59.03%,远高于第一片地区 44.07% 的增长率。而第三片地区财政性与非财政性教育经费支出的增长速度明显低于全国平均水平,与第一片和第二片地区教育经费总体投入水平的差距有所加大。具体情况见表 6—18:

表 6-18　1995 年中国按"普九"进度划分"三片"
地区教育经费总体投入增长情况

(单位:亿元)

	教育经费总支出		财政性教育经费支出		非财政性教育经费支出	
	金额	增长(%)	金额	增长(%)	金额	增长(%)
地方合计	1 669.61	27.05	1 227.07	20.38	442.54	50.11
第一片地区	741.32	27.97	536.19	22.73	205.13	44.07
第二片地区	702.98	28.56	502.13	19.40	200.95	59.03
第三片地区	225.32	19.84	188.85	16.57	36.47	40.22

资料来源:《中国教育经费年度发展报告——1996》,第 53 页。

第三节　中国初等教育财政

1996 年,中国初等教育(即小学教育)加上初中、特殊学校教育构成的义务教育事业,共得国家财政预算内拨款 654.91 亿元,比 1995 年的 547.52 亿元增加了 19.52%。全国小学教育财政预算内教育事业费为 394.26 亿元,比 1995 年的 332.98 亿元增长 18.4%。其中,用于人员经费部分 357.17 亿元,比 1995 年的 304.43 亿元增长 17.32%;用于公用部分 37.09 亿元,比 1995 年的 28.55 亿元增长 29.91%。公用经费所占比例为 9.41%,比 1995 年的 8.57%提高了 0.84 个百分点。

1996 年全国普通小学 645 983 所,在校生为 13 615 万人,比 1995 年的 13 195 万人增加 420 万人。小学学龄儿童入学率达 98.8%,比 1995 年提高 0.3 个百分点。辍学率为 1.3%,比 1995 年下降 0.19 个百分点。

(一)初等教育经费占教育经费整体的比例

1991 年至 1995 年"八五"期间,为保证国家提出的 20 世纪末基本实现普及九年义务教育这一"重中之重"目标,国家财政教育拨款分配进一步向基础教育倾斜。自 1993 年起,国家对义务教育经费(含小学、初中及特殊教育)进行单独统计。1993 年到 1995 年间,义务教育拨款由 333.56 亿元增加到 546.77 亿元,年均增长率为 28.03％,高于同期财政教育拨款 26.33％ 的年均增长率,相应义务教育拨款占财政拨款份额也由 51.39％ 提高到 53.24％。1996 年,义务教育拨款又增加到 654.91 亿元,比 1995 年增长了 19.78％。

以 1995 年为例,列表 6－19,分析义务教育中的初等教育占教育整体的比例。

表 6－19　1995 年初等教育经费占国家财政预算内的比例

合计	初等及学前教育	中等教育	高等教育	其他	附:义务教育
100	34.35	39.56	20.76	5.32	53.24

资料来源:《中国教育经费年度发展报告——1996》,第 8 页。

(二)初等教育经费的来源构成

《教育法》规定"国务院和地方各级人民政府根据分级管理、分工负责的原则,领导和管理教育工作"。中等以下教育由地方人民政府管理。所以,初等教育财政,在城市则由市、区负责;在农村由县、乡负责。上级政府(主要是省级政府)只对中小学教育提供少量的专项补助。

一般情况是,小学校根据学校正常运转和发展的需要,参考以前年度预算执行情况,根据预算年度的收入增减因素和措施,编制收入和支出预算,上报县、区教育行政部门审核,再汇总同级财政部门核定,编入地方财政预算,通过财政支出对小学校进行拨款。现在执行中,一般是教育行政部门对小学实行定编、定员管理,按编制人数下拨教育事业费,依据实际需要与地方财力追加专项经费。1997 年 1 月 1 日施行的《中小学校财务制度》第九条明确说明"国家对中小学实行'核定收支、定额或者定项补助、超支不补、结余留用'的预算管理办法"。

目前中小学校教育经费来源的构成主要是:

1. 财政补助收入,即中小学校从财政部门取得的各项事业经费,包括教育事业费、教育费附加、地方教育费附加、公费医疗经费、住房改革经费等。

2. 上级补助收入，即中小学从主管部门和上级单位取得的非财政补助收入。

3. 事业收入，即中小学校开展教学及其辅助活动依法取得的收入，包括：义务教育阶段学生缴纳的杂费、借读学生缴纳的借读费，还有按照有关规定向学生收取的其他费用等。

4. 经营收入，即中小学校在教学及其辅助活动之外，开展非独立核算经营活动取得的收入。

5. 附属单位上缴收入，即中小学校附属独立核算的校办产业和勤工俭学项目按照有关规定上缴的收入。

6. 其他收入，即上述规定范围以外的各项收入，包括社会捐赠、投资收益、利息收入等。

按通常习惯的收入来源构成项目，将1995年小学经费收入列表6-20：

表 6-20　1995 年全国普通小学经费支出按收入来源的统计

经费来源渠道	金额(亿元)	其中:农村	构成比例(%)	其中:农村
合计	637.47	397.43	100	100
1. 财政预算内教育经费拨款(含基建投资)	334.87(1.89)	215.35	52.53	54.19
2. 各级政府征收用于教育税费	88.77	62.48	13.93	15.72
3. 企业办学校经费	32.74		5.14	
4. 校办产业、勤工俭学及社会服务用于教育支出	21.34	11.86	3.35	2.98
5. 其他财政性支出	2.81	1.04	0.44	0.26
6. 社会团体及个人办学支出	6.41		1.01	
7. 社会捐集资	78.88	60.01	12.37	15.10
8. 杂费	51.81	36.23	8.13	9.12
9. 其他支出	19.84	10.46	3.11	2.63

资料来源:《中国教育经费年度发展报告——1996》,第 90—93 页。

通过表6－20可看出1995年中国普通小学经费支出按收入来源构成有以下三个特点：

第一，全国国家财政预算内教育拨款仅占52.53%。全国有302.6亿元是预算外的拨款。同前几年相比，国家财政预算内教育拨款占教育经费总支出的比例呈下降态势。这既说明财政预算外的教育经费来源渠道有所通畅和扩大，又说明财政预算有所不足。但是，也说明国家财政预算内教育拨款仍是普通小学教育经费来源的大头，体现了教育事业以财政拨款为主，其他渠道筹措经费为辅的教育经费体制。

第二，各级政府征收用于教育税费和社会捐集资在普通小学经费来源中居重要位置。特别是农村，都占15%以上。

第三，杂费在普通小学经费来源中居第四的位置。全国普通小学生均杂费为42元，其中农村小学生均杂费为37元。1995年城镇居民人均生活费收入为3 893元，农民人均纯收入为1 578元。城乡居民承担少量的小学生杂费用于改善小学校的公用经费是可以的，也是必要的。而且，小学的杂费收取也应当随小学教育生均公用经费成本的上升而适当上升。

这个问题需要特别强调一下，小学的杂费虽然不多，但对于城镇贫困居民，特别是农村贫困农民来说，家庭子女上小学除了交杂费外，还要增加多项因上学而增加的支出，如课本练习册费、书报费、文具费、交通费等，支出的费用比较大。因此，对于贫困地区和贫困居民阶层必须有相应的资助措施，以保证普及九年义务教育目标的实现。

据1996年第9期《教育研究信息》刊登的调查报告《中国农村初等教育成本与财政研究——贵州省调查报告》介绍，作者经过抽样1 623份农户调查问卷表明，入样农户人均纯收入为695元，年生均教育成本为293.37元，其中私人成本为112.56元，占总成本的38.37%。具体构成见表6－21：

表 6-21　贵州省样本农户私人成本构成

项目	金额(元)	比例构成(%)
1. 杂费	14.21	12.62
2. 课本练习册费	36.17	32.13
3. 购买书报文具费	34.82	30.93
4. 其他	27.36	24.30
合计	112.56	100

资料来源:参见《教育研究信息》,1996 年第 9 期,第 13 页。

从表 6-21 可见,上缴学校的杂费仅占样本农户私人教育直接成本的 12.62%,而课本练习册和书报文具费则占 63.06%。显然农民子女上小学,负担最多的不是杂费,而是因为上学而必须支出的有关费用。国家和社会救助贫困农民子女入学,着力解决的也正是这些家庭为子女上学必须支出的杂费之外的大量直接教育费用。

(三)初等教育经费的支出结构

初等教育经费主要有四个方面的支出:

1. 事业支出,即学校开展教学及其辅助活动发生的支出。内容包括基本工资、补助工资、其他工资、职工福利费、社会保障费、助学金、公务费、业务费、设备购置费、修缮费和其他费用。

2. 建设性支出,即学校用于建筑设施方面的支出,包括用专项资金和社会捐赠等新建、改扩建筑设施发生的支出。

3. 经营支出,即学校在教学及其辅助活动之外开展非独立核算经营活动发生的支出。

4. 对附属单位补助支出,即学校用财政补助收入之外的收入对附属单位补助发生的支出。

国家财政性教育经费支出主要发生在事业支出和建设性支出上。计算教育经费支出的合理性与效率高低也主要看事业支出与建设性支出的情况,特别是事业支出的构成情况,经营支出与对附属单位补助支出,虽然也是初等学校教育经费活动不可缺少的方面,但与培养学生无直接作用,所以一般不计算在学校年教育经费消耗总额中。

事业支出,在学校财务科目上分两大部分:一是人员经费,即教育活动中用于个人的费用。包括与教职工劳动耗费和学生生活资料费有关的费用。二是公用经费,即教育活动中用于学校集体的公共性费用。这两大部分的比例构成反映了学校经费的使用效率与合理程度。计算办法是以每一名学生年平均占用的人员经费与公用经费的比例。

新中国成立以来,小学事业费的支出构成及比例情况见表6－22:

表 6－22 小学事业费支出额及人员经费和公用经费的比例

年份	生均财政预算内事业费(元)	比例构成(％)	生均事业费比例(％)	生均公用经费比例(％)
1952 年	7.4	100	85.19	14.81
1965 年	19.96	100	89.29	10.71
1978 年	16.50	100	74.68	25.32
1981 年	25.94	100	76.94	23.07
1983 年	34.35	100	75.91	24.09
1985 年	47.30	100	80.89	19.11
1987 年	59.96	100	83.25	16.75
1994 年	236.06	100	92.49	7.51
1995 年	265.78	100	91.43	8.57
1996 年	302.54	100	90.59	9.41

资料来源:1952—1987 年数据来源于《教育经费与教师工资》,教育科学出版社,1988年,第 105 页;1994—1996 年数据来源于国家教委财务司:1994、1995、1996 年全国教育经费统计快报。

在小学,人员经费主要科目有:教职工工资、教职工福利、助学金、离退休人员费用;公用经费主要科目有:公务业务费、设备购置费、修缮费、其他。按上述科目,分析 1995 年普通小学事业费的支出结构如下,见

表6-23:

表6-23　1995年普通小学事业费支出结构比例

合计	(一) 人员 经费	教职工 工资	教职工 福利	奖、助 学金	离退休 人员 费用	(二) 公用 经费	公务 业务费	设备 购置费	修缮费	其他
100	91.42	59.90	15.12	0.09	16.31	8.58	3.37	1.18	3.34	0.69

资料来源:《中国教育经费年度发展报告——1996》,第46页。

(四)初等教育财政现状分析

1.初等教育的事业费逐年提高,这是表6-21明确表明的事实。但是,在城镇与农村的初等教育中,增长较慢的是农村初等教育,而且,农村普通小学的生均教育事业费与生均公用经费增长率均低于全国平均水平。1995年全国普通小学生均事业费支出为265.78元,而农村普通小学生均事业费支出为219.31元,生均少46.47元;1995年全国普通小学生均事业费比上年增长12.59%,而农村普通小学生均事业费比上年增长10.38%,生均事业费增长率少2.21个百分点。1995年全国普通小学生均公用经费支出为22.79元,而农村普通小学生均公用经费支出是13.67元,生均少9.12元;1995年全国普通小学生均公用经费比上年增长28.54%,而农村普通小学生均公用经费增长24.50%,生均公用经费增长率少4.04个百分点。

1996年农村普通小学的生均事业费、增长率和生均公用经费仍然低于全国平均水平。农村普通小学生均事业费为248.75元,比全国普通小学生均事业费302.54元少53.79元;增长率为13.42%,比全国普通小学生均事业费增长率13.83%少0.41个百分点;农村普通小学生均公用经费为17.98元,比全国普通小学生均公用经费28.46元少10.48元;只有农村普通小学生均公用经费的增长率比全国普通小学生均公用经费增长率24.88%增长了6.65个百分点,达到31.53%。

1996年,中国的农村人口为86 439万人,占全国总人口的70.6%。据《中国教育年鉴1949—1981》的统计,1981年农村普通小学在校生占全国普通小学在校生的87%。可以说,中国初等教育财政问题,主要是在农村普通小学。中国教育财政预算内划拨给农村普通小学的经费不足,还没有达到全国普通小学事业费增长的平均值。加之历史上造成的农村小学经费不足,使农村初等教育发展困难很大。许多农村小学设备简陋、陈旧,公用经费奇缺,一些农村民办教师工资微薄,而且拖欠教师工资的事情在一些地区多次发生。

2. 造成农村普通小学教育经费短缺的重要原因是教育经费投入体制。现阶段农村小学教育的投入体制是:乡镇财政发放公办教师工资、民办教师补助和学校公用经费;学校校舍建设费用由乡镇财政投入,群众集资负担;学校教学设备经费由乡镇财政投入一部分,学校公用经费挤出一部分,群众再投入一部分。这种体制,对经济富裕地区有积极作用,但对经济贫困地区却产生诸多弊病。由于乡镇财政负担沉重,财政预算内教育经费严重不足,不仅满足不了人员经费的支出,而且严重削减教育公用经费。据湖北省荆门姚河地区介绍,有的乡镇政府在1994年7月欠人员经费8.3万元,教师工资人均欠1338元。有的乡执行的小学公用经费标准为生均1元,仅为1984年11月27日国家下发的《中小学公用经费参考定额》规定的小学生生均公用经费20元的1/20。教育经费的严重不足,损害了教师的积极性,影响了教学质量的提高,阻碍了教育事业的发展。

3. 从全国普通小学事业费支出结构看,以1995年为例,人员经费仍然占91.42%,增长的教育事业费绝大部分被"人头费"吃掉了。这里除了增长工资、增加补贴外,一个重要的问题是离退休人员的费用增加。到20世纪末,离退休人员的费用仍然是人员经费中占比例较大的科目之一。由于人员经费比例过大,全国普通小学的公用经费从1985年以后,在整个事业费中的比例,一直呈下降的态势,只有1996年略有反弹。

第四节　中国中等教育财政

1996年,中国中等教育(包括中等专业学校、中等师范学校、技工学校、普通中学、职业中学)的财政预算内教育拨款为473.94亿元,比1995年的393.36亿元增加80.58亿元,增长20.49%。中等职业教育规模继续扩大。各类高级中等职业学校在校生达1 010万人,普通高中在校生770万人。中等职业教育学生在校生占高中阶段在校生总数的56.8%。初中教育也有所发展,初中在校生达5 048万人,初中入学率为82.4%,比1995年提高4个百分点。普通初中学生辍学率为3.5%,比1995年下降0.45个百分点。

(一)中等教育经费占教育经费整体的比例

1978年以前,中国的中等教育主要是普通教育占主导,职业技术学校和农业中学很少,既不符合经济结构、技术结构的需要,也不符合教育发展的规律。此期间,国家财政性教育费用主要放在初等教育上。1978年中国开始着手改革中等教育缺少职业教育的缺陷,1979年在各省试点,1980年10月由国务院批转了教育部和国家劳动总局的《关于中等教育结构改革的报告》,中等职业教育迅速在全国发展。

从1980年起,中等教育经费一直处在三级教育分配结构的首位。1980年为38.7%,1995年达到39.56%。而1995年的初等教育经费比例占34.35%,比同年的中等教育拨款比例小5.21%;1995年的高等教育经费比例为20.76%,比同年的中等教育拨款比例小18.8%。

(二)中等教育经费的来源构成

中国的中等教育是一个类别广泛的教育层次。既有普通教育,又有职业教育;既包括初级中学,又包括高级中学。

总体上讲,经费来源的构成基本上是相同的,包括六项:财政补助收入,上级补助收入,事业收入,经营收入,附属单位上缴收入,其他收入。

按通常习惯的收入来源构成项目,将中等教育中的各类别学校 1995 年的教育经费收入列表 6－24:

通过表 6－24 可看出 1995 年中国中等教育经费支出按收入来源构成有以下两个主要特点:

第一,整个中等教育经费支出按收入来源看,财政预算内教育经费拨款虽然仍占各经费渠道来源的首位,但在整个经费支出中的比例仅为 49.31%,不到一半,其他经费渠道来源占中等教育经费总支出的一半以上。显见中等教育中的多渠道筹措经费的格局已经形成。其中,学杂费的比例占 12.34%,居经费来源构成的第二位,"缴费上学"已被人们所认可。

第二,由于中等教育各类别学校的不同特点,在经费来源渠道的宽窄上有所差异,其比例构成在有些项目中差别很大,其中:

技工学校的财政预算内教育经费拨款比例最低,仅占经费来源构成比例的 26.76%。因为技校的很大一部分是厂矿企业兴办的,这在表 6－24 中的"企业办学校经费"项目中也可证明。这个项目的经费比例为 49.11%,几乎占技校所有经费的一半,远远超过了其他类别学校在这个项目中的经费数额。

由于劳动人事管理体制和教育体制的原因,中等师范学校和技工学校仍由国家或企业包毕业生分配,所以,尚无社会团体及个人兴办此类学校。自然在经费来源渠道上,这方面的经费来源是零。

由于初级中学属国家义务教育的层次,所以国家财政预算内教育拨款金额最多达 208.80 亿元,占整个中等教育层次财政预算内教育拨款总数 393.36 亿元的 53.08%。而且,初中占用的各级政府征收用于教育的税费达 59.51 亿元,占整个中等教育层次 84.30 亿元的 70.59%,加之其他教育经费来源渠道的倾斜,使初级中学 1995 年教育经费总支出达到 418.38 亿元,占整个中等教育层次的 52.45%。

表6-24 1995年各类别中等学校经费支出按收入来源的统计

学校类别	合计金额（亿元）	构成比例（%）	财政预算内教育经费拨款	比例（%）	各级政府征收用于教育费税费	比例（%）	企业办学经费	比例（%）	校办产业、勤工俭学及社会服务用于教育支出	比例（%）	其他财政性支出	比例（%）	社会团体及个人办学支出	比例（%）	社会捐集费	比例（%）	学杂费	比例（%）	其他支出	比例（%）
总　计	797.7	100.00	393.36	49.31	84.30	10.57	61.84	7.75	28.07	3.52	5.80	0.73	12.24	1.53	77.59	9.73	98.46	12.34	36.04	4.52
1.中等技术学校	96.78	100.00	57.11	59.01	0.44	0.45	5.74	5.93	3.05	3.15	0.70	0.72	0.56	0.58	1.16	1.20	24.79	25.61	3.23	3.0
2.中等师范学校	31.20	100.00	17.24	55.26	2.11	6.76	0.27	0.87	0.79	2.53	0.24	0.77			1.36	4.36	6.70	21.47	2.49	7.98
3.技工学校	28.55	100.00	7.64	26.76	0.06	0.21	14.02	49.11	0.39	1.37	0.12	0.42			0.64	2.24	4.30	15.06	1.38	4.83
4.职业中学	71.17	100.00	31.18	43.81	7.01	9.85	4.09	5.75	3.31	4.65	1.03	1.45	1.71	2.40	5.19	7.29	11.98	16.83	5.67	7.97
5.高级中学	151.62	100.00	71.39	47.08	15.17	10.01	12.19	8.04	6.09	4.02	1.32	0.87	5.23	3.45	13.70	9.04	17.89	11.80	8.64	5.70
6.初级中学	418.38	100.00	208.80	49.91	59.51	14.22	25.53	6.10	14.44	3.45	2.39	0.57	4.74	1.13	55.54	13.28	32.80	7.84	14.63	3.50

资料来源：《中国教育经费年度发展报告——1996》，第90-63页。

中等技术学校和中等师范学校由于管理体制的原因,国家财政预算内教育经费拨款在收入来源构成比例上,仍是各类别中等教育学校中最高的,分别占 59.01％和 55.26％。

各级政府征收用于教育税费和社会捐资集资款在收入来源构成比例上,初级中学最高,其次是高级中学,再次是职业中学、中等师范学校、中等技术学校和技工学校最低。反映了本教育经费项目所起的辅助调剂作用。

近年来由于教育体制改革的深化,学生上学适当增加学费与杂费,所以在 1995 年,学杂费在收入来源构成的比例上有所增长,整个中等教育层次的学杂费达 98.46 亿元,占全部教育支出按收入来源构成的 12.34％,仅次于财政预算内教育经费拨款,居各经费来源渠道的第二位。在这个经费来源渠道里,最高的是中等技术学校、其次是中等师范学校、再次是职业中学和技工学校,都超过中等教育层次学杂费占教育经费总支出的比例。初级中学杂费比例最低,为 7.84％。学杂费的高低反映了非义务教育阶段与义务教育阶段受教育者家庭应尽的责任。特别是接受中等职业技术教育(包括师范教育)的学生家庭,由于学生接受了一定的职业知识、技能培训,能够较容易地在社会上获得有劳动收入的相应的职业岗位,所以应当付出比普通中学、特别是义务教育阶段的初级中学较多的学杂费。

(三)中等教育经费的支出结构

同普通小学一样,中等教育各类别学校的经费支出也包括四个方面,即事业支出、建设性支出、经营支出、对附属单位补助支出。但与培养学生有直接作用的仍是事业支出。故分析中等教育经费的支出结构仍主要体现在事业费的支出结构上。

下面,以中等师范学校、普通中学、职业中学为例,分析 1990 年到 1994 年财政预算内生均事业费的支出情况。见表 6-25:

表 6-25　三种学校财政预算内生均事业费支出情况

学校	金额与比例	1990 年	1991 年	1992 年	1993 年	1994 年
中等师范学校	生均事业费支出(元)	1 347	1 413	1 586	1 723	2 047
	其中:(1)人员经费	765.8	841.4	991.4	1 095.7	1 457.5
	其中:(2)公用经费	581.2	571.6	594.6	627.3	589.5
	(1)(2)各占生均事业费比例(%)	56.85/43.15	59.55/40.45	62.51/37.49	63.59/36.41	71.20/28.80
普通中学	生均事业费支出(元)	240	255	301	364	514
	其中:(1)人员经费	186.9	200.9	246.0	321.3	450.1
	其中:(2)公用经费	53.1	54.1	55.0	62.7	63.9
	(1)(2)各占生均事业费比例(%)	77.88/22.12	78.78/21.22	81.73/18.27	88.27/11.73	87.57/12.43
职业中学	生均事业费支出(元)	444	465	526	609	842
	其中:(1)人员经费	284.9	299.5	363.1	450.7	679.3
	其中:(2)公用经费	159.1	165.5	162.9	158.3	162.7
	(1)(2)各占生均事业费比例(%)	64.17/35.83	61.41/35.59	69.03/30.97	74.01/25.99	80.68/19.32

资料来源:《中国教育经费年度发展报告——1996》,第 11 页。

从表 6-26 可看出,从 1990 年到 1994 年,人员经费所占的比例在三种学校中均呈上升态势,而公用经费则呈下降态势,这同中等学校教师工资增长有密切关系。其中,普通中学的公用经费在 1994 年仅占事业费的 12.43%,显然过低,不利于普通中学教学质量的提高。

现将 1995 年各类别中等学校预算内生均教育事业费支出及公用经费占事业费的比例情况介绍如下。见表 6-26:

表 6-26　1995 年全国政府部门办学的各类中等教育学校
预算内生均教育事业费支出及公用经费所占的比例

	事业费支出(元)	其中:人员经费支出	其中:公用经费支出	公用经费占事业费比例(%)
中等技术学校	2 355.06	1 416.26	938.80	39.86
中等师范学校	2 130.49	1 446.86	683.63	32.09

	事业费 支出(元)	其中:人员 经费支出	其中:公用 经费支出	公用经费占 事业费比例(%)
技工学校	1 340.09	850.02	490.07	36.57
职业中学	897.42	689.04	208.38	23.22
普通高中	985.23	804.07	181.16	18.39
普通初中	492.04	426.08	65.96	13.41
其中:农村初中	392.59	353.74	38.85	9.90

资料来源:《中国教育经费年度发展报告——1996》,第 97 页。

从表 6-26 可以看到,1995 年各类中等教育学校预算内生均教育公用经费普遍比往年有所增长,而且增长幅度较大。其中,中等师范学校比 1994 年增长了 15.97%,职业中学比 1994 年增长了 28.07%。可见国家财政预算加大了对中等教育事业费拨款的力度,并且比较注意了公用经费所占的比例。但是,1995 年普通初中、特别是农村普通初中公用经费支出仍然偏低,不利于普通初中、特别是农村普通初中教学条件的改善。

1996 年,各类中等教育学校的生均事业费中的公用经费比例除中等师范学校外又有所上升。见表 6-27:

表 6-27 四种学校财政预算内生均事业费支出及
公用经费支出增长情况

学校	生均事业费 (元)	其中:公用经费 (元)	公用经费比 1995 年增长(%)
普通初中	549.24	81.93	24.21
其中:农村初中	435.36	47.98	23.50
普通高中	1 088.05	208.73	15.22
职业中学	1 007.88	232.77	11.70
中等师范学校	2 195.05	658.31	−3.7%

资料来源:《教育研究信息》,1997 年第 5 期,第 2、3 页。

在教育事业费的具体支出结构比例上,仅以1995年的普通初中和普通高中为例进行说明。见表6-28:

表6-28 1995年普通中学事业费支出结构(%)

	普通高中	普通初中
合计	100	100
1. 人员经费	81.61	86.59
教职工工资	52.78	59.74
教职工福利	14.19	15.69
奖、助学金	0.75	0.45
离退休人员费用	13.89	10.71
2. 公用经费	18.39	13.41
公务业务费	6.09	4.76
设备购置费	3.22	2.15
修缮费	8.11	5.72
其他	0.97	0.78

资料来源:《中国教育经费年度发展报告——1996》,第46页。

(四)中等教育财政现状分析

1. 中国的中等教育经费支出,从1980年到现在,一直处在三级教育分配结构的首位。但是,中国的中等教育是个多类别、多经费来源渠道、分初级和中级两个层次的教育结构。中国教育财政的诸多特点,几乎都集中在中等教育这个广阔的教育结构里。这里有普通教育,又有职业教育;有义务教育的初中,又有非义务教育的高中阶段的各类别教育;有政府办学,又有企业和社会团体办学;有教育口所属的学校,又有非教育口所属的学校;有中央部门直属的学校,又有各级地方政府部门管理的学校等等。教育经费的来源构成和支出结构比较复杂。

普通初中和普通高中:

——凡属教育行政部门所属的,由各级政府的教育事业费开支;

——厂矿企业所属的,由企业上缴国家利税后的留成项目中开支。

技工学校:

——各级主管部门和劳动部门举办的(包括主管部门委托企业代办的),在有关事业费中开支。

——专业公司举办的,在公司经费中开支。

——厂矿企业举办的,在企业"营业外支出"中单列"技工学校经费"中开支;

职业中学(包括农业中学):

——由教育行政部门所属的普通中学改办的,仍由教育行政部门在教育事业费中开支;

——由政府其他部门或厂矿企业举办的,在部门有关经费或税后留成项目中开支;

——几个部门联合举办的,由合办单位协商后在有关经费中开支;

——乡、村办的,由办学单位自行解决。

中等专业学校:

——中央各部门和地方有关业务部门举办的,在有关事业费中开支;

——财政、计划、统计和教育部门举办的,在中央和地方教育事业费中开支;

——专业公司举办的,在公司经费中开支;

——厂矿企业举办的,在税后留成项目中开支;

——几个部门或单位联合举办的,由联办单位按上述有关经费渠道共同协商解决。

由于上述各类别中等教育学校经费来源渠道不同,造成目前有些类别的有些学校教育经费十分困难,有的学校难以维持教师工资与学校日常公用经费的开支,突出表现在有些企业办学中。

多年来中国政府一直鼓励企业办学,企业办学校也确实为中国的教育事业作出了巨大贡献。据了解,中国国有大中型工业企业 1.44 万个,平均每个企业办中小学近 2 所，大多数企业都办有一所中学。当前，随着社会主义市场经济在企业的深入发展，有些企业产值增长，有些企业经济效益下滑，面临诸多困境，因而经济困难的企业对教育经费的投入开始下降。比如纺织工业和加工工业的教育经费投入明显下降。1995 年有关方面统计，有 15% 的企业学校规模被压缩，有 30% 的企业学校教职工编制紧缩。据《教育时报》报道，河南驻马店纱厂学校，由于企业经济效益不好，该校人员经费不足，教师没有工资上浮的 10%，没有教龄津贴，也没有洗理费、书报费、交通费补助，只按企业效益拿 80% 的工资，每月为七八十元。而且，工厂又强令学校裁减 23 名正式教师。特别是在市场经济体制的制约下，企业越来越会把追求最大的生产利润作为直接目标，把企业利润同自身的生存与发展紧密联系起来，因而可能会把企业办义务教育阶段的初级中学乃至与自身利益变得不密切的职业中学作为一种社会包袱，压缩这方面的开支，甚至关闭学校，或者想办法把企办学校交给社会。说明了 1995 年企业办学校的经费在总教育经费中的支出比例下降了 0.4 个百分点，1996 年又比 1995 年下降了 0.48 个百分点。其实，1994 年就已经比 1993 年下降了 0.15 个百分点。所以，企业办学校是当前必须严肃注意并立即着手研究解决的一个紧迫问题。

2. 从表 6—25、6—26 和 6—27 可看出职业中学的教育事业费仍然偏低。1995 年职业中学生均事业费为 897.42 元，而普通高中生均事业费为 985.23 元，职业中学比普通高中生均事业费少 87.81 元。1996 年职业中学生均事业费仍比普通高中生均事业费少 80.17 元。国家教委 1986 年 6 月 23 日印发的《关于职业中学经费问题的补充规定》明文指出："由于职业中学职业技能训练要求高，设备投资较大，实习实验消耗较多，人均经费开支一般高于普通高中"。现在看，国家教委政令规定的经费要求没有实现。由于职业中学事业费偏低，绝大部分被人员经费占用，公用经费从 1990 年起一直下滑，1995 年生均公用经费仅占生均事业费的 11.7%，生均 232.77 元，月生均公用经费为 19.39 元。而 1995 年全国商品零售物价上涨率为 14.8%。可见，职业中学不到 20 元的月生均公用经费很难在改善教学条件上起多大的作用。至今许多职业中学，特别是由三类普通中学改办的职业中学设备不足，缺少实习实验场地，学生动手能力差，学校教学质量不高，社会上对职业中学鄙薄的偏见仍有相当大的市场，不能不说同职业中学的教育经费不足有很大关系。

3. 从表6－28可见，普通高中和普通初中离退休人员的费用在事业费支出中的比例很大，分别占事业费支出总额的13.89％和10.71％。实际上，中等专业学校、中等师范学校、技工学校和职业中学都存在离退休人员费用增大的问题，所占事业费支出总额的比例不亚于普通高中。"文革"十年动乱前毕业的各类学校教师陆续进入退休年龄，这部分人给各类学校的教育成本带来很大的压力。

第五节　中国高等教育财政

1996年国家拨给普通高等教育的财政预算内教育经费229.97亿元，其中财政预算内事业费为202.12亿元，担负着1 032所高校、302万在校生的教育活动。从1991年到1996年5年间，国家用财政预算内教育经费的19％左右，培养了15.4万名研究生、190.2万名本科大学生和437.7万名专科大学生。有限的高等教育经费投入取得了比较可观的教育经济效益和社会效益。

（一）高等教育经费占教育经费整体的比例

新中国的高等教育发展很快，普通高等学校从1953年的181所、在校生21.2万人，发展到1989年的1 075所、在校生208.2万人。学校数增长了近5倍，在校生人数增长了8.8倍。1990年以后，高等教育的重点是优化结构、提高水平。1995年5月，国务院办公厅转发了《国家教委关于深化高等教育体制改革的若干意见》，到1995年底，全国共有28个省（自治区、直辖市）、42个部门所属的近300所高校，通过部门与地方共建、共管、合作办学、高校合并、企业与社会团体参与办学等多种形式，实行了不同程度的联合办学；1996年底达到614所高校实行了不同程度的联合办学。高校主动为地方服务的积极性得到了较大的发挥。1995 年，全国有 245 所高等学校变公费、自费双轨制为单轨制，学生"缴费上学"改革取得重大进展。1997 年全国全面实行缴费上大学制度改革。高校毕业生就业制度也改变了过去由国家"统包统配"的局面，实行在国家方针政策指导下，在一定范围内"供需见面，双向选择"的就业制度。

由于从 1991 年以来高校改革的深化，国拨教育经费总额的增加，以及包括学生缴费上学等教育经费多渠道来源的形成和逐步稳定，国家财政预算内教育拨款对高等教育的比例连续六年呈下降的态势。

1996 年普通高等教育财政预算内教育拨款额为 229.97 亿元，比 1995 年的 197.15 亿元增长了 16.65%；但是在全国各级各类教育之间的分配比例上，1996 年为 18.98%，比 1995 年的 19.17% 下降了 0.19 个百分点。

普通高校教育费用在国家教育财政预算内教育拨款的比例构成中连续下降，直到 1996 年占拨款总额的 18.98%，说明了中国教育投资结构通过实践的检验，正在逐渐走入较为合理的三级教育经费分配格局之中。

中国教育在初、中、高三级教育资源配置结构上，高等教育的经费投入总量一直偏高于初级和中级教育，逐步减少对高等教育财政拨款的比例，直到稳定在较为合理的比例上，是中国教育财政在深化教育体制改革中应当解决的问题，并正在解决之中。当然，从高等教育事业的需要来讲，国家财政预算内的教育拨款一直不足。然而，对于"穷国办大教育"，要解决各级教育结构的问题，特别是完成"普及九年义务教育"的重点问题，适度的降低高等教育在整个财政预算内教育经费的比例是必要的。

实际上，由于高等学校多渠道教育经费来源的扩大和通畅，高等教育的教育经费总支出还是比较大的，预算外的教育费用支出在 1994 年和 1995 年中分别占财政预算内教育拨款的 32.84% 和 36.45%。见表 6—29：

表 6-29　1994 年和 1995 年普通高等教育的
财政预算外经费与预算内教育拨款的情况

1994 年			1995 年		
(1)财政预算外拨款(亿元)	(2)预算内拨款(亿元)	(1)占(2)的比率(%)	(1)财政预算外拨款(亿元)	(2)预算内拨款(亿元)	(1)占(2)的比率(%)
55.58	169.27	32.84	71.87	197.15	36.45

资料来源:根据《中国教育经费年度发展报告——1996》,第 40 页数据计算得出。

(二)高等教育经费的来源构成

高等学校的经费来源有财政补助收入,这里包括教育经费拨款、科研经费拨款、其他经费拨款;有上级补助收入;有事业收入,这里包括教学收入、科研收入;有经营收入;有附属单位上缴收入;还有其他收入,即上述规定范围之外的收入,如投资收益、捐赠收入、利息收入等。

剔出与培养学生无直接关系的经费收入,按通常习惯的收入来源构成项目,将普通高等学校 1995 年经费支出按收入来源的情况列表 6-30:

表 6-30　1995 年普通高校教育经费支出按收入来源构成情况

经费来源渠道	教育经费金额(亿元)	构成比例(%)
合计	269.02	100.00
1. 财政预算内教育经费拨款	197.15	73.28
2. 各级政府征收用于教育税费	0.78	0.29
3. 企业办学校经费	0.59	0.22
4. 校办产业、勤工俭学及社会服务用于教育支出	22.34	8.30
5. 其他财政性支出	2.17	0.81
6. 社会团体及个人办学支出	0.42	0.16
7. 社会捐集资	2.93	1.09
8. 学杂费	31.98	11.89
9. 其他支出	10.66	3.96

资料来源:《中国教育经费年度发展报告——1996》,第 90—93 页。

通过表 6－30 可看出普通高等学校教育经费的来源构成有如下两个主要特点：

第一，中国长期以来普通高等学校招收学生均实行免收学杂费制度。人们说："进了大学门，便是国家人。"高校教育经费来源几乎全是财政预算内教育经费拨款。1989 年 8 月 22 日，国家教委、国家物价局、财政部联合发出《关于普通高等学校收取学杂费和住宿费的规定》，决定从1989 年开始，对新入学的本专科学生收取学杂费，一般地区每学年 100元；对新入学的住学校宿舍的学生收取住宿费，一般每学年 20 元左右。但对师范院校等享受专业奖学金的学生及经济困难学生有不同程度的减免政策。于是从 1989 年下半年开始，中国的高等学校开辟了收取学杂费这一高校经费来源渠道。但是，其数额明显不大。到了 1995 年，从表6－30 中可见，高校收取的学杂费占全部经费支出的 11.89％，金额达31.98 亿元，成为经费来源构成中仅次于国家财政预算拨款的一项。由于学杂费及其他经费渠道的加入，国家财政预算拨款虽然仍是主要渠道，但其比例构成已下降为 73.28％。

第二，高校教育经费辅助来源渠道还不够通畅，还有很大潜力。高等学校拥有大批科技专家、先进的实验设备、灵通的信息资源等，这些优势还没有得到充分发挥。1995 年校办产业、勤工俭学及社会服务用于教育支出的费用是 22.34 亿元，仅占经费来源构成的 8.3％。据报刊介绍，在高等学校中，如北大方正集团、清华紫光集团、复旦复华实习集团等，年利润均已超过千万。有的学校每年获得的科研经费的总和超过国家财政所拨的教育事业费，如 1992 年清华大学超过 1.98 倍，北京大学超过1.15 倍。可见高等学校校办企业及社会服务的潜力很大，充分开发出来，其获得的经济效益和用于教育的支出会大幅度增加。

高校在争取社会资助和捐赠，通过各种形式的联合办学广泛吸收资金等方面，也都有很大潜力需要开发。

(三)高等教育经费的支出结构

高等学校的经费支出包括事业支出、经营支出、自筹基本建设支出、对附属单位补助支出四大项。在事业支出项目里,又按其用途划分为:教学支出、科研支出、业务辅助支出、行政管理支出、后勤支出、学生事务支出和福利保障支出七项。

统计习惯上把事业费支出分为人员经费支出和公用经费支出。通过这两部分的比例构成分析教育事业费的使用特点及使用效率。下面把1990年到1996年普通高等学校生均教育事业费支出和其中人员经费、公用经费支出情况及占事业费的比例列表6-31:

表6-31 1990—1996年普通高等学校生均事业费
及其中人员经费、公用经费的支出构成比例

(单位:元)

	1990	1991	1992	1993	1994	1995	1996
生均事业费支出(元)	3 107	3 460	4 092	4 102	5 048	5 442	5 956.7
其中:(1)人员经费	1 455	1 594	2 006	2 061	2 985	3 102	3 352.3
其中:(2)公用经费	1 652	1 866	2 086	2 041	2 063	2 340	2 604.4
(1)和(2)各占生均事业费的比例	46.83/ 53.17	46.07/ 53.93	49.02/ 50.98	50.24/ 49.76	59.13/ 40.87	57/43	56.28/ 43.72

资料来源:根据《中国教育经费年度发展报告——1996》第11页数据及《教育研究信息》1997年,第5期第2、3页数据汇总而成。

从表6-31中可见,从1993年起,人员经费占事业费比例的一半以上,而公用经费则下降为不足事业费的一半。

在教育事业费中的人员经费与公用经费的具体结构比例上,仅以1994年和1995年为例加以说明。见表6-32:

表 6－32　　1994 年和 1995 年普通高等学校预算内
生均事业费支出金额及结构

	生均事业费支出(元)			生均事业费支出构成(%)		
	1994 年	1995 年	1995 年比 1994 年增减%	1994 年	1995 年	1995 年增减百分点
事业费支出	5 048	5 422	＋7.82	100	100	
1.人员经费支出	2 985	3 102	＋3.96	59.12	57.01	－2.11
教职工工资	1 484	1 464	－1.32	29.9	26.9	－0.70
教职工福利、奖金	638	650	＋1.87	12.65	11.95	－2.30
奖、贷、助学金	350	416	＋18.87	3.90	7.64	＋3.74
离退休人员费用	513	572	＋11.65	10.15	10.51	＋0.36
2.公用经费	2 063	2 340	＋13.39	40.88	42.99	＋2.11
公务业务费	1 142	1 232	＋7.82	22.63	22.62	－0.01
设备购置费	406	498	＋22.64	8.04	9.15	＋1.01
修缮费用	303	355	＋17.12	6.01	6.53	＋0.52
其他公用费	212	255	＋20.39	4.20	4.69	＋0.49

资料来源:《中国教育经费年度发展报告——1996》,第 43 页。

注:表 6－31 是用整数计算,表 6－32 计算时有两位小数,不是用整数计算的,所以表 6－31 和 6－32 中生均事业费支出的增减比例及人员经费、公用经费占事业费的比例在小数后面略有不同。

(四)普通高等教育财政现状分析

1. 中国普通高等教育财政预算内生均事业费支出,从 1990 年起逐年增长,其中,1992 年、1994 年和 1996 年是三个增长高峰,分别比上年增长 18.27％、23.06％、22.93％。相应的人员经费增长额度也逐年增长,并且从 1993 年以后占财政预算内生均事业费的一半以上。1994 年生均人员经费占生均事业费的 59.13％,达到历史最高比例,之后在 1995 年、1996 年略有下降。与之对应的公用经费则在 1994 年降到最低比例,之后略有回升。但是,七年间,高等学校公用经费占事业费的比例下降了近 10 个百分点。

生均人员经费占事业费比例增长的原因,一是高校人员超编较大,1992年生均事业费达4092元,比上年增长18.27%,其中生均人员经费达2006元,比上年增长25.85%。人员经费增长速度远高于事业费增长的速度。据资料介绍,这年高校教职工超编35万人。二是国家工资改革,增薪加大了学校人员经费的支出。1994年是全国职工增薪最大的一年,所以1994年生均人员经费占生均事业费达到历史最高比例,为59.13%,生均人员经费金额为2985元。之后,教师的职称、干部的级别越来越高,而且数量增多,教职工的工资一直处在教育事业费具体构成项目的第一位的位置上。如表6-32所示,1994年占事业费支出构成的29.9%,1995年为26.9%。三是高校离退休人员增加,1994年和1995年用于此项目费用的生均支出分别为513元和572元,分别占生均事业费支出构成的10.15%和10.51%。四是高校教职工福利、奖金增加,年平均占生均事业费的12%左右。

2. 1995年普通高等学校的奖、贷、助学金比1994年增长了3.74个百分点,是1995年事业费支出结构中增长比例最多的一项。生均增长66元,由350元增至416元。说明高校在增加学生学杂费的同时,加大了对学生的资助工作,以部分缓解学生因上学费用增加而带来的困难。同时,鼓励学生更好地投入学校的学习生活。

3. 普通高等学校的生均公用经费从1990年以后,在下降的态势中渐有回升。1996年比1994年回升了2.85个百分点。因为生均教育事业费金额逐年增加,所以,尽管生均公用经费的比例由1990年的53.17%降到1996年的43.72%,可是生均公用经费的金额却是增长的,由1990年的1652元增长为1996年2925元。七年间,普通高校生均公用经费金额增长了77.06%。

4. 必须指出,尽管从1990年以后普通高校生均事业费支出及生均公用经费支出逐年增长,1990年到1995年,生均事业费年平均增长率为11.9%,生均公用经费年平均增长率为7.2%。可是,由于社会商品零售物价年平均上涨率为13.9%,所以,高校增长的生均事业费和生均公用经费在实际购买力上并没有增长,反而有所下降。

第六节　中国成人教育财政

　　成人教育是指学龄教育外的教育。中国的成人教育是国民教育制度中的一个体系,具有多层次、多类别的特点。在层次上,从扫盲教育到高等教育共有多级层次;在类别上,社会的各行各业都有成人教育。

　　新中国成立伊始,便十分重视成人教育。1951 年 10 月,政务院颁布的《关于改革学制的决定》对各种形式的成人教育,如干部学校、补习学校和训练班在学校系统中的地位做了明确规定。1958 年中共中央、国务院《关于教育工作的指示》,确定了"三个结合""六个并举"的办学原则,其中就有"成人教育与儿童教育并举"的原则。

　　从 1949 年到 1981 年,全国大约扫除了 1.4 亿多青壮年文盲。据1981 年统计,全国厂矿企业、机关团体等 1 亿左右职工参加每周 4—8 小时的业余学习,学政治、学文化、学业务。当年扫盲班 600 多万人;全国工农业余初等教育在校生 973.56 万人;工农中等教育在校生 820.67 万人;工农高等教育在校生 138.63 万人。

　　从 1992 年到 1996 年底,5 年中,全国扫盲人数 2 441 万人,正在向基本扫除青壮年文盲的目标迈进;有 3.05 亿人次农民接受了以农村实用技术为主的培训;1.76 亿人次职工接受了岗位培训与继续教育;339 万人先后从成人普通高校中毕业。1996 年,成人教育拨款 33.08 亿元,担负着 265.6 万高校在校生、310 万中等专业学校在校生、8 337 万成人技术培训学校学员等高中初三级的教育任务。

(一)成人教育费用占教育经费整体的比例

　　分析 1994 年、1995 年、1996 年成人教育占国家财政预算内教育拨款的比例,见表 6—33:

　　从表 6—33 中可见,随着国家财政预算内教育拨款的增长,成人教育的拨款额也逐年增长。但是,由于其他教育类别增长的速度很快,所以成人教育拨款占教育经费整体的比例呈下降态势,由 1994 年的 3.29%降至 1996 年的 2.73%。

表6-33 1994-1996年成人教育占国家财政预算内教育拨款的金额及比例

教育分类	教育拨款(亿元)					教育拨款构成(%)				
	1994年	1995年	1996年	1995年比1994年增减%	1996年比1995年增减%	1994年	1995年	1996年	1995年比1994年增减%	1996年比1995年增减%
合 计	883.98	1 028.39	1 211.91	16.4	17.85	100	100	100		
1.普通高等教育	169.27	197.15	229.97	16.5	16.65	19.15	19.17	18.98	+0.02	-0.19
2.基础教育	545.52	633.01	783.86	16.0	16.72	61.71	61.56	61.01	-0.15	-0.55
3.职业教育	94.97	113.17	131.34	19.2	16.06	10.75	11.00	10.84	+0.25	-0.16
4.成人教育	29.05	30.39	33.08	4.6	8.85	3.29	2.95	2.73	-0.34	-0.22
5.其他(含幼儿教育)	45.17	54.68	78.66	21.1	43.88	5.10	5.32	6.49	+0.22	+1.17

资料来源:数据来源于《教育研究信息》1996年第7期第7页及1997年第5期第7页。

(二)成人教育经费的来源构成

成人教育分干部教育、职工教育和农民教育三种类型。其中：

干部教育经费，凡成立工会的企事业单位，由工会文教经费开支；尚未成立工会的，由政府教育行政部门列入地方总预算中安排解决人员经费，即专职教职员工的工资、补助工资、职工福利费、兼职教师的津贴。其他各项开支由办学单位自行解决。学员交纳一定的学杂费。

职工教育经费的来源有几个方面，而且形式不一。主要分为国家、企业、社会集团、个人投资等几个经费来源渠道。其中，国家投资和企业投资是职工教育经费的主要来源。具体情况是：

——按企业工资总额的 1.5％提取企业职工教育经费；

——企业行政支付专职教工工资和脱产学习学员的工资；

——基层工会在其留成经费(行政拨交工会经费的 60％部分)的 25％范围内列入工会职工业余教育经费使用；

——当企业工资总额 1.5％不敷教育需要时，可以从企业基金、利润留成、包干结余或税后留利中拿出一部分资金用于职工教育。这部分资金称为企业追加教育投资。

社会捐集资用于职工教育的经费比例很小。个人交纳教育费用有所增加。

农民教育经费，除少数专职教育人员的开支、业余教师培训、主要乡干部离职学习的工资及公杂费支出，一定数量的农民教育奖励费除由政府预算中安排外，其余农民教育经费均由农民自筹。

以 1995 年为例，分析经费来源的构成情况见表 6－34：

表 6－34 1995 年成人教育经费支出按来源构成情况

	金额(亿元)	来源构成(％)
合计	63.53	100
财政预算内教育经费拨款	30.39	47.84
各级政府征收用于教育税费	1.90	2.99

	金额(亿元)	来源构成(%)
企业办学经费	9.72	15.30
校办产业及社会服务等用于教育支出	1.79	2.82
其他财政性支出	0.55	0.87
社会团体及个人办学支出	1.29	2.03
社会捐集资	0.60	0.94
学杂费	13.51	21.27
其他支出	3.78	5.95

资料来源:见《中国教育经费年度发展报告——1996》,第90页。

从表6-34中可见,1995年成人教育经费支出按其来源构成,占最大比例的是国家财政预算内教育拨款。总计金额为30.39亿元,占成人教育经费总支出的47.84%。

其次是成人教育中的学杂费收入。1995年成人教育总经费支出中有13.51亿元是来自学杂费的收入,约占总经费支出比例的21.27%。

第三是企业办学经费。1995年成人教育总经费支出中有9.72亿元是企业的办学经费,占总经费支出比例的15.30%。

(三)成人教育经费的支出结构

以1995年为例,各层次成人教育生均预算内教育事业费中人员经费与公用经费的支出结构比例见表6-35:

表6-35 各层次成人教育生均事业费支出结构

各层次成人教育	生均事业费支出(元)	其中:(1)生均人员经费支出	其中:(2)生均公用经费支出	(1)和(2)分别占生均事业费的比例
成人高校	889.78	497.83	391.95	55.95/44.05
成人中专	1 260.44	876.50	383.93	69.54/30.46

各层次 成人教育	生均事业费 支出(元)	其中:(1)生 均人员经费 支出	其中:(2)生 均公用经费 支出	(1)和(2)分别 占生均事业费 的比例
成人中学	477.27	334.69	142.58	70.13/29.87
成人小学	40.11	25.28	14.83	63.03/36.97

资料来源:《中国教育经费年度发展报告——1996》,第 97 页。

从表 6-35 中可见,1995 年各层次的成人教育中,生均人员经费的比例均占生均事业费的 55％以上,尤以成人中学和成人中专为高,分别占生均事业费的 70.13％和 69.54％。由于生均人员经费比例大,生均公用经费的比例相对偏小,其中,成人中学的生均公用经费比例仅为 29.87％。

具体以大连市 20 世纪 80 年代初期六个国有企业的职工教育事业费支出结构为例分析:

一是专职教职员工资,约占职工教育事业费的 21.58％;

二是脱产学习学员的工资,主要包括职工大学、电大、职工中专及部分文化补习班、技术补习班、中等技术试点班的学员,及部分短期轮训(指 3 个月以上)的学员和少数企业外送普通高等学校代培的学员。这部分脱产学习学员的工资约占职工教育事业费的 39.44％左右;

三是职工教育经常费,包括公务费、业务费、兼课教师酬金、实习研究费、设备购置费、委托外单位代培经费、其他费用开支,共约占职工教育事业费的 38.98％。而在这第三项职工教育经常费中,兼课酬金、公务费和代培费比例较高,实习研究费和设备购置费较低。

由此可见,职工教育事业费大部分被人员经费占用了,公用经费较少,许多企业职工教育的物质技术基础条件比较薄弱。近年来,随着中国经济体制改革的深化,脱产学习的职工明显下降,所以,80 年代初期脱产学习学员工资占职工教育事业费的比例也明显降低。然而,由于职工教育总经费增长幅度不高,各类别职工学校学员人数减少,师生比偏高等原因,全国职工教育乃至整个成人教育的生均人员经费比例仍然大于生均公用经费(见表6－35)。

(四)成人教育财政现状分析

1.扫盲教育是中国成人教育的重要方面。据1990年第四次全国人口普查数据表明,中国尚有1.8亿文盲,而其中90％左右分布在农村。所以,农村扫盲教育任务繁重。但是,中国扫盲教育经费一直短缺,加之其他因素,给扫盲工作带来很多困难。20世纪50年代到60年代,扫盲、农民教育经费通常占教育事业总经费的1—2％,当前仅占教育事业总经费的0.6％左右。由于经费不足,扫盲教师多为兼职,少数专职扫盲教师基本上是民师,待遇低,队伍不稳定。

中国的扫盲经费一直采取"多渠道筹措"的办法,即按照"地方为主,集体群众自筹为辅,各级人民政府给予必要补助"的原则解决扫盲教育所需的经费。1988年,国家教委在关于颁布《扫除文盲工作条例》的通知中规定,扫盲教育经费应占教育经费的2％。但由于这项规定没有配套的各项具体政策,比如扫盲经费占各地教育事业费中的比例、占农村教育费附加的比例等,结果在实际执行中远没有达到通知要求。

除了要切实保证国家教委提出的扫盲教育经费占教育经费的2％外,为解决扫盲经费不足,还应当加大多方筹措资金的力度,以确保在中国基本上扫除青壮年文盲。如,建立全国性的扫除文盲基金会,广泛吸收各种社会组织与个人的捐助。还可以像发放体育彩券一样,发放扫盲教育的彩券。对捐资数额大的组织与个人给予多种鼓励政策,如减免捐助款的所得税,颁发扫盲荣誉奖,在地方志留名等。

2.中国成人教育的重点在农村。中国人口众多,约90％的人口生活在农村,人口基数非常之大。成人教育与社会生产力的发展、与社会政治经济的关系,比之普通教育更为直接。所以,各层次的成人教育,特别是初、中级职业技术教育十分重要。农民教育经费,主要来自征收农民人均纯收入的1.5％到2％的农村教育费附加,但近年来一直没有达到这个比例要求。1995年为0.81%.1996年为0.7%,与1.5%—2%的比例差距甚大。因此,开展农村成人教育,在教育财政上,首先要切实执行好征收农民人均纯收入的教育费附加的问题。

同时,中央与各级地方政府应当根据实际需要与财力可能,下拨农村成人教育专项拨款,适当解决当前农村初、中等职业教育经费不足的问题。

3. 成人教育有学历教育与非学历教育两种形式。对中等以上的成人学历教育与非学历教育,均应适当收取学杂费,并逐步增加学杂费,以改善成人学校公用经费的不足。

4. 由于成人教育与企业发展息息相关,企业在成人教育上投资较大,特别是成人高等学校和成人中学,生均教育经费支出均超过政府部门办学的生均教育经费。如1995年,企业成人高校生均教育经费经常性支出为3 749.96元,而政府部门的成人高校生均教育经费经常性支出为1 375.07元,企业成人高校生均教育经费经常性支出是政府部门成人高校生均教育经费经常性支出的2.73倍。成人中学,企业的生均教育费用为1 483.27元,是政府部门生均教育费用770.78元的1.92倍。

5. 中国成人教育财政投资结构基本形成格局,以国家财政预算内教育经费拨款为主,以多渠道筹措教育经费为辅。1995年,国家财政预算内教育经费拨款30.39亿元,占经费总支出的来源构成的47.84%,其他八个渠道的教育经费合计占33.14亿元,占来源构成的52.16%。见表6—34。

第七节　中国教育财政的若干特征与发展趋势

中国教育经费保持着持续、快速、稳定增长的态势。特别是从1991年以后,教育经费增长速度很快。1996年,全国教育经费总支出2 262.34亿元,其中国家财政性教育经费支出为1 671.70亿元。在1995年高速增长的基础上,又分别比1995年全国教育经费总支出与国家财政性教育经费支出增长 20.47％和 18.43％。

中国教育初步形成了以国家财政拨款为主,财、税、费、乡、社、基多渠道筹措教育经费的格局。1996 年与 1990 年比较,国家财政性教育经费支出占教育经费总支出的比例,由 85.53％下降至 73.89％,下降了 11.64 个百分点。其中,财政预算内教育拨款占教育经费总支出的比例,由 64.62％下降至 53.57％,下降 11.05 个百分点。同期,非财政性教育经费支出(包括捐集资办学、学杂费、社会团体及公民个人办学等社会及个人投入)占教育经费总支出比例有了明显提高,已达到 26.11％,超过四分之一。在多渠道经费来源构成中,最显著的变化特点是学生家庭对教育成本补偿的份额明显加大,非义务教育阶段学杂费大幅度增加。1996 年与 1990 年比较,教育经费总支出来源构成中,学杂费所占比例,由 4.21％上升为 11.54％,成为仅次于国家财政预算内教育拨款的第二大经费来源渠道。其中普通高校生均缴纳学杂费为 1 319 元,中专生均缴纳学杂费为 1 103 元,普通高中和职业中学为 330 元和 418 元,分别占教育经常性成本的 17.9％、36.4％、18.7％和 24.8％。

在中国财政性教育拨款分配比例上,进一步向基础教育倾斜。中等教育(包括中等职业技术教育)拨款比例继续加大。而高等教育(包括成人高等教育)拨款比例则有所下降。1996 年基础教育财政预算内拨款为 738.86 亿元,比 1995 年的 633.01 亿元增长 16.72％,占国家财政预算内教育拨款总支出的 61.01％。其中义务教育(初中、普通小学与特殊学校)拨款 654.91 亿元,比 1995 年 547.52 亿元增加了 19.52％,比 1993 年的 333.56 亿元增加了 96.34％。1996 年义务教育拨款占教育拨款总额的比例为 54.04％,比 1993 年增长了 2.65 个百分点。中等教育拨款,1996 年为 473.94 亿元,占财政预算内教育拨款总支出的 39.11％,其比例构成比 1990 年的 36.22％提高了 2.89 个百分点。高等教育拨款，1996 年为 247.85 亿元,占财政预算内教育拨款总支出的 20.46％,其比例构成比 1995 年下降了 0.3 个百分点,比 1990 年下降了 3.57 个百分点。

由于"八五"期间中国教育设点布局调整,教育资源优化配置,各级学校的学校数有所减少,而学校学生平均规模有较大幅度扩大,师生比提高,所以,中国各级学校的教育投资效益均有所提高。见表 6-36:

表 6-36　1990-1995 年中国普通学校学生平均规模与师生比

		1990 年	1994 年	1995 年
学校所数	普通高校	1 075	1 080	1 054
	普通中学	87 631	82 358	81 020
	普通小学	766 072	682 588	668 685
学生平均规模（人）	普通高校本专科学生	1 919	2 592	2 757
	普通中学	523	605	663
	普通小学	160	188	197
师生比	普通高校本专科	1：5.2	1：7.1	1：7.3
	普通中学	1：14.6	1：15.2	1：15.9
	普通小学	1：21.9	1：22.9	1：23.3

资料来源:《中国教育经费年度发展报告——1996》,第 8 页。

但是,从实现保障教育经费足额借给目标分析,中国教育经费投入还存在下列有待解决的问题。

第一,政府的教育投入与《中国教育改革与发展纲要》提出的目标相比,还有相当差距。国家财政性教育经费支出占国民生产总值比例连续几年下滑。从 1990 年的 3.04％,下滑为 1996 年的 2.44％左右。1995 年财政教育拨款增长率为 16.34％,比财政收入增长率 18.58％低 2.24

个百分点；1996 年财政教育拨款增长率为 17.85％，比财政收入增长率 19.05％低 1.2 个百分点。没有达到财政教育拨款的增长要高于财政经常性收入增长的要求。在全国财政教育拨款占财政支出的比例上，1995 年为 13.39％，1996 年为 13.14％，都没有达到全国平均不低于 15％的目标。

城乡教育费附加连续多年没有达到足额征收。1995 年，按消费税、增值税、营业税的 3％比例，应当征收城市教育费附加 97 亿元，实际征收 64.55 亿元，仅完成 66.55％；1996 年实际征收 76.17 亿元，仍然没有完成城市三税 3％征收城市教育费附加的要求。在农村，1995 年征收农村教育事业费附加 112.89 亿元，人均征收 12.86 元，仅占农村人均纯收入的 0.81％；1996 年征收 151.80 亿元，人均征收 13.49 元，仅占农村人均纯收入的 0.7％，比 1995 年减少 0.11 个百分点。农村教育费附加征收额离《中国教育改革与发展纲要实施意见》规定的 1.5％—2％的比例差距甚大。

第二，由于部分地区财政教育拨款及城乡教育费附加的欠拨和挪用，加剧了教育经费短缺的问题。其中，各类别学校生均公用经费短缺状况更为严重。1991 年到 1995 年间，各级普通学校生均公用经费支出，年增长率均不超过 10％。而同期商品零售物价年均上涨率为 13.9％，所以，学校公用经费实际购买力有所下降。

第三，地区间教育经费投入差距进一步扩大。"八五"期间，由于财政进一步逐级包干，各级财政、特别是中央财政宏观调控能力减弱，致使地区间教育经费投入增长差距大于经济增长差距，地区间教育经费投入差距扩大。1990 年全国各地区平均人均教育经费总支出为 50.84 元，其中，东部地区为 59.15 元，中部地区为 47.44 元，西部地区为 41.79 元；而

1995年,全国各地区平均人均教育经费总支出为139.96元,其中,东部地区为184.30元,中部地区为114.44元,西部地区为99.98元。1990年,东、中、西三个地区人均教育支出差距为1:80、2:70.7;而1995年,东、中、西三个地区人均教育支出差距为1:62、1:54.3。

第四,教育预算管理体制存在问题,造成教育经费投入得不到有力的监控,致使教育经费短缺问题难以得到改变。中国教育预算管理体制的两个问题,一是由于教育管理体制条块分割,教育预算是割裂的,不能反映教育投入的整体面貌,也很难在教育预算审议中检查政府教育经费投入是否做到"财政教育拨款增长高于财政经常性收入增长、生均教育拨款逐年增长、教师工资与生均公用经费逐年增长",以及"逐步提高国家财政性教育经费占国民生产总值比例,20世纪末要达到4%;提高各级财政支出中教育经费所占比例,'八五'期间逐步提高到全国平均不低于15%",即难以检查教育经费投入是否做到"三个增长""两个比例"的逐步提高。二是事权和财权分离,教育行政部门根据教育事业发展需求提出的预算建议,由于没有预算单列,很难在政府预算编制中得到反映,也无权分配和管理被批准的预算内教育经费,因而造成教育经费需求与供给的脱节、拨款与管理的脱节,使全国的教育经费投入至今没有做到"三个增长"与"两个比例"的逐步提高,在一定程度上影响了教育事业的持续、快速发展。

中国教育财政在《中华人民共和国教育法》第七章中也做了明确阐述和规定。严格执行《教育法》中关于教育财政的规定,中国各级各类教育肯定会比以往的形势更好。然而,近两年中国教育的实践表明,对《教育法》需要继续普及学习,特别是乡以上各级政府中与教育财政有关的人员更应当认真学习,并依法办事。不认真执行《教育法》或违反《教育法》规定的,应当严格承担法律责任。

　　中国教育财政从新中国成立起,已经积累了多年的正反两方面的经验,在总结历史、预测未来、借鉴国外教育财政管理与运作的先进经验中,中国的教育财政必将走向成熟、走上科学与法治管理的健康轨道,中国的教育事业必将更加繁荣,中国的教育必将为中国特色社会主义建设事业作出更大的贡献。

结　语

通过对述美国、英国、中国、日本等国教育财政的叙述，我们可以看到各国的教育财政体制是不尽相同的，有各自的特点，但它们之间又有着许多一致的地方，有若干共同的特征，并面临一些共同的课题。

重视教育在社会经济发展中的地位与作用已成为各国的共识，尤其是在面向 21 世纪的知识经济时代，为培养创新人才，更要把教育摆在重要的战略位置上，并为进一步推进这一事业而大力开展和深化教育改革。

由于对教育地位与作用的高度重视，因而更要重视教育投资。在 20 世纪 50 年代末兴起的"教育投资论"的支配下，许多国家加大投资比重，提高教育经费在国民生产总值中的比例，使教育经费的增长率高于国民生产总值的增长率或同步增长。自 80 年代初，在一些发达国家开始出现经济滞胀，它们又奉行凯恩斯主义，虽相对地降低了对教育的投入，但进入 90 年代以来随着经济的恢复和增长，又加大了教育投资，如美国的教育经费高达国民生产总值的 7％，这将为美国经济的持续增长提供支持。

教育资源怎样做到有效分配，投资的重点放在哪里？各国的教育财政状况表明，基础教育始终是投资的重点，这不仅是因为基础教育投资的收益率高于高等教育的收益率，更重要的是它涉及提高民族的整体素质。为此，一些国家的基础教育经费除法律规定由地方政府提供外，中央政府也拨款给予补助，以保证基础教育的顺利发展。对于非义务教育的高等教育，一般是采取受益者负担原则，实行收费制，并实行奖学金和贷学金制，这对经济上有困难的学生来说，提供了经费上的保障，有利于人才的培养。

在教育经费来源方面,我们可以看出,即使是经济发达国家其教育经费来源也是多渠道的,除了国家和地方教育财政外,学费、企业的投入以及社会的捐助都是不可缺少的,尤其是更要扩大社会参与,加强学校与工商界的联系,增加经费来源。

对于教育经费的支出,立法是必不可少的,在这方面一些国家有着配套的系列法律保障,同时,在一些发达国家也引入市场机制。作为教育财政的努力方向与举措主要是:实现教育机会及教育资源分配的均等化和教育负担的公正化,对教育部门和部门内部各领域及学校阶段支出分配的最佳化,提高教育经营管理的能率化和教育经费使用的效益化,这些被认为是今后各国推进教育财政的最重要的目标。

主要参考文献

1. 滕大春著:《今日美国教育》,人民教育出版社,1980 年 9 月。

2. 滕大春著:《美国教育史》,人民教育出版社,1994 年 4 月。

3. 王英杰著:《美国高等教育的发展与改革》,人民教育出版社,1993 年 10 月。

4. 陈学飞著:《美国高等教育发展史》,四川大学出版社,1989 年 12 月。

5. 马骥雄主编:《战后美国教育研究》,江西教育出版社,1991 年 10 月。

6. 北京师范大学教育系《教育经济学》研究组:《教育经济学》,北京师范大学出版社,1984 年 9 月。

7. 国外研究报告与论文选编:《高等教育财政政策的国际比较》,上海市智力开发研究所,1995 年 9 月。

8. 袁仲孚著:《今日美国高等教育》,上海翻译出版公司。

9. 葛守勤、周武中主编:《美国州立大学与地方经济发展》,西北大学出版社。

10. 邱渊著:《教育经济学导论》,人民教育出版社。

11.《中华人民共和国教育法》,《人民日报》1995 年 3 月 22 日。

12.《中华人民共和国国民经济和社会发展"九五"计划和 2010 年远景目标纲要》,《人民日报》1996 年 3 月 20 日。

13. 中共中央、国务院:《中国教育改革和发展纲要》,载《中国教育改革和发展文献选编》,人民教育出版社,1993年3月。

14. 国家统计局:《关于1995年国民经济和社会发展的统计公报》,《人民日报》1996年3月7日。

15. 国家统计局:《关于1996年国民经济和社会发展的统计公报》,《人民日报》1997年4月5日。

16. 国家教育委员会财务司、上海市智力开发研究所:《中国教育经费年度发展报告(1996)》,高等教育出版社,1997年3月。

17. 国家教育委员会财务司、上海教科院智力开发研究所"快报"编写组:《1996年全国教育经费统计快报》。

18. 国家教委:《全国教育事业"九五"计划和2010年发展规划》,《中国教育报》1996年4月22日。

19. 国务院关于《中国教育改革和发展纲要》的实施意见,《光明日报》1994年8月28日。

20. 朱开轩:《在1997年全国教育工作会议上的讲话》,《中国教育报》1997年1月21日。

21. 厉以宁主编:《教育经济学研究》,上海人民出版社,1988年8月。

22. 杨葆焜主编:《教育经济学》,华中师大出版社,1989年12月。

23. 国家教委教育经费研讨组编:《教育经费与教师工资》,教育科学出版社,1988年10月。

24. 王善迈主编:《教育投资与财务改革》,北京经济学院出版社,1988年10月。

25.《中国教育年鉴(1949—1981)》,中国大百科全书出版社,1984年9月。

26.《中国教育年鉴(1990)》,人民教育出版社,1991年10月。

27.《吉林省志卷 37·教育志》,吉林人民出版社,1992 年 8 月。

28. W. O. L. Smith 著,夏邦俊译:《英国的教育》,台湾开明书店。

29. 梅根悟主编:《世界教育大系》第 1 卷《教育财政史》,讲谈社,1976 年。

30. 市川昭午、林健久:《战后教育改革》第 9 卷《教育财政》,东京大学出版会,1976 年。

31. 日本教育行政学会编:《教育费与教育财政》,教育开发研究所,1989 年。

32. H. C. Dent: *Education in England and Wales*, Hodder and Stoughton Ltd. 1982.

33. Criggs, Clive: *Private Education in Britain*, London: Falmer Pr. ,1985.

34. A. J. Peters:《英国的继续教育》,朗格蒙出版社,1967 年。

35. 张新生著:《英国成人教育史》,山东教育出版社,1993 年。

36. 达肯沃尔德·梅里安著、刘宪之等译:《成人教育——实践的基础》,教育科学出版社,1986 年。

37. Keith Evans: *The Development and Structure of the English Educational System*, University of London Press Ltd. 1975.

38. [日]喜多村和之著:《现代美国高等教育论》(1960 年代至 1990 年代),东信堂株式会社。

39. Fred Hechinger&Grace Hechinger: *Education And Society in America*,美国驻华大使馆文化处,1984 年 5 月。

40. *The Condition of Education*, U. S. Department of Education Office of Educational Research and Improement NCES 1996,96—304.

41. *Public schools: Issues in budgeting and financial management.*

42. *School finance and school improvement: Linkages for the 1980s.*

43. *School finance: Its economics and politics.*

44. *How to find out about financial aid: A guide to over 700 directories listings.*

45. *School Finance And Education Policy, James W. Gutbrie, Walter I. Garms, Lawrence C. Pierce, 1988, Prentice-Hall, Inc.*

46. *Educational Finance: An Economic Approach, David H. Monk, McGraw Hill, Inc. 1990.*

47. *Adult education: International perspectives from China.*

48. *Financing recurrent education: Strategies for increasing employment, job opportunities and productivity.*

49. *Secondary education: An introduction—New York.*

50. *Teachers and texts: A political economy of class and gender relations in education.*

51. *Educational administration and policy elective leadership for American education.*

52. *The Federal Government and equality of educational opportunity.*

53. *Requirement for certification: For elementary schools, secondary schools and junior colleges.*

54. *The changing politics of school finance.*

55. *Economics and American education: A historical and critical o-*

verview of the impact of economic theories on schooling in the United States.

56. The fiscal legal and political aspects of states reform of elementary and secondary education.

57. School finance and education policy: Enhancing educational effi ciency:equality and choice.

58. Financing elementary and secondary education.

59. Financing education in a climate of change.

60. Financing education:Overcoming in efficiency and inequity.